Charlotte Thoroe & Gill Guile

DIE GROSSE WIMMELBIBEL FÜR KLEINE ENTDECKER

Gerth Medien

INHALT

DAS ALTE TESTAMENT

DAS NEUE TESTAMENT

DAS ALTE TESTAMENT

DIE GESCHICHTE VON ISRAEL UND GOTTES VOLK

Dieser erste Teil der Bibel heißt „Das Alte Testament". Vielen Menschen haben die Geschichten aufgeschrieben. Aber eigentlich kommen sie von Gott. Die Bibel ist ein Buch voller spannender Geschichten. Es lohnt sich, auf Entdeckungsreise zu gehen! Dazu laden dich auch die vielen Wimmelbilder ein.

Das Alte Testament beginnt mit der Geschichte, wie Gott die ganze Welt, die Tiere und die Menschen gemacht hat. Die ersten beiden Menschen – Adam und Eva – lebten in einem Garten, den Gott extra für sie gemacht hatte. Dort lebte Gott zusammen mit den Menschen. Adam und Eva durften von allen Obstbäumen im Garten essen. Nur von einem einzigen nicht. Das hatte Gott ihnen verboten. Aber sie taten es trotzdem, und deshalb durften sie nicht mehr in dem Garten bleiben. Seitdem lebten die Menschen nicht mehr eng mit Gott zusammen. Und sie taten böse Dinge.

Aber Gott hatte eine Idee, wie er die Menschen wieder zu sich zurückholen wollte. Denn die Menschen sind seine Kinder! Er hat sie sehr lieb. Also auch dich und mich!

Eines Tages schickte Gott seinen Sohn Jesus in diese Welt. Jesus sollte die Menschen wieder zu Gott zurückbringen. Aber bis es so weit war, passierten ganz viele andere Geschichten. Das Alte Testament erzählt von vielen Menschen: zum Beispiel von Noah, Abraham und Esther. In all diesen Geschichten will Gott uns zeigen, wie unendlich lieb er uns hat. Er möchte uns helfen. Er möchte uns trösten, wenn wir traurig sind. In den Geschichten lesen wir von einem Gott, der ganz nah bei uns ist. Und der uns hilft, wenn wir Angst haben oder mal was falsch gemacht haben.

Ich wünsche dir, dass Gott dich beim Entdecken dieser Bibel beschenkt. Damit du seine Liebe erlebst – und erfährst, was Gott dir alles versprochen hat.

DIE SCHÖPFUNG

1. MOSE 1–2

Am Anfang gab es nichts. Absolut gar nichts! Keine Sonne, keinen Mond, keine Sterne, keine Erde und auch keine Menschen und Tiere. Nur Kälte und Dunkelheit. Aber Gott war da. Er sagte:

„Licht, scheine!“ Und sofort wurde es hell.

Aber es war immer noch nichts zu sehen. Keine Sonne, kein Mond und keine Sterne, die leuchten. Gott schaute sich das Licht an, das er gerade gemacht hatte. „Sehr gut!“, sagte er. Und Gott nannte das Helle „Tag“ und die Dunkelheit „Nacht“.

Am nächsten Tag machte Gott den Himmel. Aber es war immer noch nicht viel zu sehen – keine Bäume, keine Tiere und kein einziger Mensch.

Am dritten Tag sagte Gott: „Wasser, fließe an eine Stelle! Es soll trockenen Erdboden geben.“ Und genau das geschah. Plötzlich gab es die Erde … und Meere und Flüsse und Berge und Täler!

Dann sagte Gott: „Die Erde soll mit Pflanzen bedeckt sein.“ Und schon wuchsen Bäume, Gräser, Sträucher, wunderschöne Blumen – und leckeres Obst und Gemüse. Gott sagte: „Jede Pflanze soll Samen machen, damit aus den Samen später neue Pflanzen wachsen.“ Und Gott sah sich alles an und sagte: „Ich habe alles sehr gut gemacht!“

Am vierten Tag machte Gott Lichter am Himmel – die Sonne und den Mond. Und viele Sterne! Wenn die Sonne schien, war es Tag. Wenn der Mond schien, war es Nacht. Gott fand das alles sehr, sehr gut.

Dann begann der fünfte Tag. Gott sagte: „Das Wasser soll voller Tiere sein. Und am Himmel sollen Vögel umherfliegen!“ Und Gott machte die Meerestiere – riesige Wale und bunte Fische und Seepferdchen und Krebse. Und er ließ große und kleine Vögel am Himmel fliegen, die fröhlich ihre Lieder zwitscherten. Und Gott segnete alle Tiere im Wasser und in der Luft und sagte zu ihnen: „Ihr alle sollt Kinder bekommen! Damit ihr ganz viele werdet.“

Am sechsten Tag sagte Gott: „Auch auf dem Land soll es Tiere geben.“ Und Gott machte wilde Tiere: Löwen, Tiger und Elefanten. Und zahme Tiere: Rinder, Schafe, Katzen und Hunde. Und Gott machte auch die kleinen Tiere, die krabbeln und kriechen, hüpfen und herumsummen können. Und Gott sah sich alles an und rief begeistert:

„Wunderbar! Sehr gut!“

DAS PARADIES

Such mal

PANDA

EICHHÖRNCHEN

VOGEL

WASCHBÄR

FISCH

FROSCH

SCHLANGE

IGEL

SCHMETTERLING

GIRAFFEN

ADAM & EVA

1. MOSE 2

Gott hatte die Erde mit allen Tieren und Pflanzen gemacht. Aber etwas Wichtiges fehlte noch! „Ich will einen Menschen machen“, sagte Gott am sechsten Tag. „Er soll sich um alles kümmern, was ich geschaffen habe.“ Also nahm Gott ein bisschen Erde und formte daraus den ersten Menschen. Gott nannte ihn „Adam“. Dann blies Gott ihm seinen Atem in die Nase. Und da wurde Adam lebendig.

Gott führte Adam in einen wunderschönen Garten. Adam sah all die Blumen und die Vögel und staunte. „Ich will jedem Tier einen Namen geben!“, rief er begeistert. Aber Adam fiel etwas auf: Keines von den Tieren sah so aus wie er selbst. Adam war der einzige Mensch auf der Erde. Deshalb sagte Gott: „Es ist nicht gut, wenn ein Mensch allein ist. Ich will dir eine Frau geben, Adam.“

Da schlief Adam ein. Tief und fest. Und während Adam schlief, nahm Gott etwas aus Adams Seite und machte daraus eine Frau. Als Adam wieder aufwachte, staunte er. Die Frau war wunderschön! Adam hatte sie sofort lieb. Er nannte seine Frau „Eva“.

Eva lächelte Adam an. Die beiden passten so gut zusammen! Und sie hatten sich sehr lieb. Sie sangen und tanzten vor Freude, weil sie in einem so schönen Garten lebten. Der Garten war ein Paradies. Alles dort war großartig!

Gott schaute sich alles an, was er gemacht hatte: „Alles ist sehr gut!“, sagte er. Dann ruhte Gott sich aus, den ganzen Tag lang. Es war der siebte Tag. „Das ist mein Ruhetag! An diesem Tag sollen die Menschen sich ausruhen und sich freuen!

DIE VERBOTENE FRUCHT

1. MOSE 3

Eines Tages hörte Eva im Garten eine Stimme. Eine Schlange zischelte ihr zu: „Hat Gott wirklich gesagt, dass ihr nicht von den Bäumen im Garten essen dürft?"

„Nein, das hat Gott nicht gesagt!", antwortete Eva. „Wir dürfen von allen Bäumen essen. Nur von dem einen Baum in der Mitte des Gartens nicht. Wenn wir davon essen, sterben wir."
„Quatsch! Gott lügt", zischte die Schlange. „Er weiß: Wenn ihr die Früchte von diesem Baum esst, werdet ihr so klug sein wie er. Und das will Gott nicht."

Als Eva sich die Früchte anschaute, glaubte sie die Lüge der Schlange. Sie pflückte eine Frucht und biss hinein. Dann gab sie Adam etwas davon ab. Und da merkten sie auf einmal, dass sie gar nichts anhatten! Schnell versteckten sie sich hinter den Bäumen.

Am Abend ging Gott im Garten spazieren und fand Adam und Eva. „Warum versteckt ihr euch?", fragte er.
„Weil wir nackt sind", antwortete Adam ängstlich.
„Wer hat euch denn gesagt, dass ihr nackt seid? Habt ihr etwa Früchte von dem verbotenen Baum gegessen?"
„Eva ist schuld! Sie hat mir von der Frucht gegeben", stotterte Adam. Da sagte Gott: „Jetzt könnt ihr beide nicht mehr hier bei mir im Garten wohnen. Ab jetzt müsst ihr schwer arbeiten, wenn ihr etwas essen wollt."

Doch Gott kümmerte sich weiterhin liebevoll um Adam und Eva. Er machte ihnen Kleider aus Tierfell, damit sie nicht mehr nackt waren. Dann mussten die beiden gehen. Ein Engel bewachte den Eingang zu Gottes Garten. Adam und Eva lebten jetzt nicht mehr eng mit Gott zusammen. Aber Gott hatte schon einen Plan, wie er seine Menschen wieder zu sich zurückholen wollte …

NOAHS GROSSE ARCHE

2. MOSE 6–9

Viele Jahre waren vergangen. Inzwischen gab es viele Menschen auf der Erde. Aber sie alle hatten Gott ganz vergessen. Die Menschen waren böse und gemein zueinander. Das machte Gott sehr traurig. Da wollte Gott wenigstens einen Menschen finden, der nicht böse war.

Gott suchte und suchte … Und schließlich fand er einen guten Menschen. Aber nur einen einzigen! Das war Noah. Gott sagte zu Noah: „Die Menschen tun so viel Böses. Ich werde eine große Flut schicken. Alles soll im Wasser untergehen. Und dann fange ich noch mal ganz neu an.

Baue ein riesiges Schiff, Noah. Eine Arche. Und mach das Schiff so groß, dass ganz viele Tiere hineinpassen. Von jeder Tierart, die auf der Erde lebt, soll ein Männchen und ein Weibchen auf die Arche kommen. Ich werde deine Familie und die Tiere in der Arche beschützen. Euch wird in der Flut nichts passieren."

Als die Arche fertig war, schickte Gott von jeder Tierart ein Pärchen dorthin. Immer zu zweit kamen sie. Sie kletterten nacheinander in die Arche. Als alle Tiere auf dem Schiff waren, stiegen auch Noah und seine Familie ein. Und Gott schloss die Tür hinter ihnen.

Dann fing es an zu regnen. Es regnete und regnete, und dann regnete es noch mehr. Erst bedeckte das Wasser die Straßen und Felder. Dann bedeckte es auch alle Häuser und Bäume!

Vierzig Tage lang regnete es weiter, bis sogar alle Berge mit Wasser bedeckt waren. Eine lange Zeit lebten Noah, seine Familie und all die Tiere in der Arche. Aber irgendwann ging das Wasser wieder zurück. Das große Schiff blieb auf einem Berg liegen. Da sagte Gott zu Noah: „Ihr könnt jetzt aus der Arche aussteigen. Die Flut ist vorbei.“

Also stieg Noah mit seiner Familie aus. Und alle Tiere rannten, hüpften und hoppelten aus der Arche. Alle freuten sich über die grünen Wiesen und Blumen und dass es wieder trockenes Land gab. Noah lobte Gott und tanzte. Er dankte Gott, dass er seine Familie und all die Tiere beschützt hatte.

Da sagte Gott zu Noah: „Nie wieder wird eine so große Flut kommen. Solange es die Erde gibt, werden die Menschen pflanzen und ernten. Es wird Kälte und Hitze geben. Und Sommer und Winter. Und Tag und Nacht.“

Und dann rief Gott: „Seht ihr den Regenbogen am Himmel? Den habe ich gemacht! Immer, wenn ein Regenbogen am Himmel steht, will ich an mein Versprechen denken. Das Versprechen lautet:

„Nie wieder werde ich eine so große Flut schicken.“

DIE ARCHE

Such mal

TUKAN

FUCHS

BIENENSTOCK

FLAMINGOS

KROKODIL

SCHILDKRÖTE

WASCHBÄR

PINGUIN

TÖPFE

GETREIDEHALME

DER TURM IN BABEL

1. MOSE 11

Noah hatte viele Kinder. Und die Kinder wurden erwachsen und bekamen auch wieder viele Kinder … Es wurden immer mehr Menschen auf der Erde: Frauen, Männer, große und kleine Kinder. Alle sprachen eine einzige Sprache. Jeder verstand, was der andere sagte.

Irgendwann zogen viele Leute an einen anderen Ort. Dort bauten sie eine neue Stadt. Eines Tages sagten die Menschen zueinander: „Kommt, wir bauen einen großen Turm! Der soll bis in den Himmel reichen. Dann werden uns alle anderen Leute bewundern! Und Gott wird auch staunen! Wir sind nämlich die Besten!“ Und sie fingen an, den Turm zu bauen.

Aber Gott gefiel das überhaupt nicht. Denn die Menschen in der Stadt wollten nur von allen anderen bewundert werden. Gott hatten sie völlig vergessen. Die Leute wollten Gott auch nicht mehr loben. Sie lobten nur noch sich selbst. Deshalb wurde Gott sehr traurig und auch wütend.

Gott sagte zu sich: „Ich schaue den Menschen jetzt schon eine Weile beim Bauen zu. Sie arbeiten gut zusammen. Aber das können sie nur, weil sie alle eine Sprache sprechen. Und wenn sie den Turm fertiggebaut haben – was werden sie dann tun? Ich will ihre Sprache durcheinanderbringen. Dann versteht keiner mehr, was der andere sagt. Und dann können sie nicht mehr so gut zusammenarbeiten."

Die Menschen bauten weiter, aber plötzlich verstand keiner mehr, was der andere sagte! Erst waren sie verwirrt. Dann wurden sie wütend aufeinander, weil keiner den anderen mehr verstehen konnte. Und schließlich gingen die Menschen aus der Stadt weg – weil sie nicht mehr zusammenarbeiten konnten.

Gott zeigte allen, dass er der Mächtigste ist. Die Stadt mit dem riesigen Turm wurde nie zu Ende gebaut. Deshalb heißt die Stadt auch Babel. Das bedeutet „durcheinanderbringen". Denn Gott hatte ja die Sprache der Menschen durcheinandergebracht. Die Menschen lebten von nun an überall auf der Welt – an vielen Orten. Und überall sprachen die Menschen eine andere Sprache.

DER TURM

Such mal

AFFE

FRÜCHTE

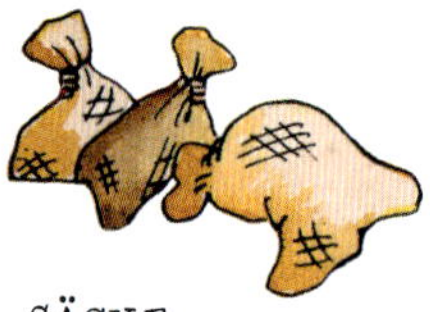

SÄCKE

EIMER

KATZE

MANN, DER AUF DEM KOPF STEHT

SPINNE

STÖCKE

MANN MIT EINEM SEIL

MANN, DER FÄLLT

FELSBLOCK

HAMMER

MANN, DER SICH VERSTECKT

MANN MIT EIMER

GOTT GIBT ABRAHAM EIN VERSPRECHEN

1. MOSE 11–21

In einem Land lebte ein guter Mann. Der hieß Abraham und seine Frau hieß Sarah. Abraham war sehr reich. Er hatte viele Rinder, Schafe und Kamele. Eines Tages sagte Gott zu ihm: „Abraham, geh fort von hier in ein anderes Land. Dieses Land will ich dir schenken. Und deine Nachkommen werden einmal ein großes Volk sein.“

Abraham zog also los – mit seiner Frau und seinem Neffen, der hieß Lot. Sie nahmen alles mit, was sie hatten. Lange waren sie unterwegs. Als sie schließlich in dem fremden Land ankamen, war Abraham schon ein Opa, so alt war er! Aber er und seine Frau Sarah hatten immer noch keine Kinder. Das machte die beiden sehr traurig. Und Abraham machte sich Sorgen: „Wie soll Gott uns noch Kinder schenken, wenn wir schon so alt sind? Und wenn wir keine Kinder bekommen, wie soll Gott dann ein großes Volk aus mir machen? Das hat Gott mir ja versprochen. Aber es ist schwer zu glauben.“

Ich vertraue dir, Gott!

Gott wusste, dass Abraham sich große Sorgen machte. Deshalb sagte er eines Nachts zu ihm: „Schau zu den Sternen, Abraham. Versuch, sie mal zu zählen! So viele Nachkommen werde ich dir schenken.“ Abraham glaubte, dass Gott sein Versprechen halten wird. Aber es verging wieder viel Zeit, und Abraham und Sarah bekamen immer noch keine Kinder.

Eines Tages saß Abraham wieder vor seinem Zelt. Da kamen drei Männer zu ihm. Abraham begrüßte sie freundlich: „Bitte bleibt doch, ich gebe euch etwas zu essen und zu trinken!“ „Gerne“, sagten sie. „Wir freuen uns sehr darüber, danke!“

Abraham und Sarah machten schnell etwas zu essen für die Besucher. Die Männer aßen das leckere Brot. Als sie satt waren, sagte einer von ihnen: „Nächstes Jahr komme ich wieder, Abraham. Deine Frau Sarah wird dann einen kleinen Sohn haben."

Sarah hörte das. Sie saß im Zelt und lauschte gerade, was die Männer da erzählten. Und weil Sarah schon sehr alt war, lachte sie über das, was der Mann eben gesagt hatte. „Ach was! Ich kann doch gar kein Baby mehr bekommen. Ich bin viel zu alt!", dachte sie.

„Warum lacht Sarah denn?", fragte der Mann Abraham. „Für Gott ist nichts unmöglich. Nächstes Jahr um diese Zeit wird Sarah einen Sohn haben!"

Gott hielt sein Versprechen. Als Sarah schon ganz alt war, brachte sie einen Sohn zur Welt. Abraham und Sarah nannten das Baby Isaak. Sarah staunte. „Wer hätte gedacht, dass Gott uns in unserem Alter noch ein Baby schenkt!"

JOSEF UND SEINE TRÄUME

1. MOSE 37

Josef hatte elf Brüder. Und sein Papa liebte ihn sehr. Sogar mehr als seine anderen Söhne! Josef bekam immer die schönsten Sachen zum Anziehen. Als die Brüder merkten, dass Josef Papas Lieblingskind war, wurden sie sehr neidisch auf Josef. Und jetzt hatte Josef auch noch einen ganz tollen Mantel von Papa bekommen! Die Brüder ärgerten sich über ihren Papa Jakob. Was der Papa tat, war nicht gerade fair.

Josef hatte eines Nachts einen Traum. „Hört mal, was ich geträumt habe", sagte er zu seinen Brüdern. „Wir haben gerade Getreide zu Bündeln zusammengebunden. Da stand mein Bündel auf, und eure Bündel verbeugten sich vor meinem."

Da wurden die Brüder wütend auf Josef. „He! Du glaubst wohl, dass du über uns bestimmen wirst?" Einige Tage später hatte Josef noch einen anderen Traum: Er sah die Sonne, den Mond und elf Sterne. Und alle Sterne und sogar der Mond und die Sonne verbeugten sich vor Josef!

Als Josef das in der Familie erzählte, waren die Brüder so richtig wütend. „Los, wir werfen Josef in den Brunnen", flüsterten sie. „Und dann sagen wir unserem Vater: ‚Ein wildes Tier hat Josef leider gefressen.'" Aber Ruben, der älteste Bruder, sagte: „Nein! Bringt Josef nicht um! Werft ihn einfach in die Grube dort."

Und das taten sie ...

Die Brüder packten Josef und zogen ihm seinen bunten Mantel aus. Dann warfen sie ihn in einen ausgetrockneten Brunnen. Wenig später sahen sie Kaufleute mit ihren Kamelen vorbeikommen. „Kommt, wir holen Josef wieder aus dem Brunnen. Und verkaufen ihn als Sklaven an diese Männer!", rief einer der Brüder. „Dann sind wir Josef endlich los!" Das machten sie dann.

Am Abend brachten sie Josefs bunten Mantel zu ihrem Vater. Da weinte Vater Jakob: „Ach, ach! Ein wildes Tier hat Josef getötet!“ Jakob weinte viele Tage und ließ sich von niemandem trösten.

Die Kaufleute wanderten mit Josef nach Ägypten. Dort verkauften sie ihn an das ägyptische Königshaus. Josef arbeitete dort für Potifar, das war der Oberste der Palastwache. Josef war ein guter Arbeiter. Deshalb wurde er bald ein hoher Diener.

DAS WIEDERSEHEN

1. MOSE 39–45 UND 1. MOSE 50,20

Eines Tages wurde Josef ins Gefängnis geworfen. Potifars Frau verbreitete nämlich Lügen über Josef. Und Potifar glaubte, was seine Frau erzählte. Aber auch im Gefängnis war Gott ganz nah bei Josef.

Ein anderer Gefangener hatte eines Nachts einen Traum. Er erzählte Josef davon. „Ich weiß, was der Traum bedeutet“, antwortete Josef. „Du wirst bald aus dem Gefängnis freigelassen.“ Nur drei Tage später kam der Mann tatsächlich frei und arbeitete wieder am Hof des Königs.

Später hatte der Pharao, also der König von Ägypten, einen Traum: Er sah sieben dicke Kühe. Dann sah er sieben abgemagerte Kühe. Und die dünnen Kühe fraßen plötzlich die dicken Kühe auf! Was für ein seltsamer Traum! Der Pharao rief viele weise Männer zu sich. Aber keiner konnte den Traum erklären.

Doch dann erinnerte sich der Mann, der auch im Gefängnis gesessen hatte, an Josef. „Ach ja! Als ich im Gefängnis war, habe ich dort einen Mann kennengelernt. Der hat mir meinen Traum erklärt. Und genau so ist es dann passiert.“

Der Pharao ließ sofort Josef aus dem Gefängnis holen. Dann erzählte er ihm seinen Traum. Als er fertig war, sagte Josef: „Gott hat dir gezeigt, was bald passieren wird. Erst werden die Menschen sieben Jahre lang genug zu essen haben. Aber danach kommen sieben schlechte Jahre. Es wird kein Getreide auf den Feldern wachsen. Hol dir kluge Männer. Die sollen dir dabei helfen, in den guten Jahren viel Getreide zu sammeln. Dann werden die Menschen in den sieben schlechten Jahren genug zu essen haben.“

„Oh!“, staunte der Pharao. „Weil Gott dir das gezeigt hat, sollst du die Verantwortung für meinen Palast bekommen!“ Jetzt war Josef der zweitmächtigste Mann in Ägypten. Dabei hatte er eben noch im Gefängnis gesessen! In den sieben Jahren, in denen es ganz viel zu essen gab, ließ Josef Getreide in großen Scheunen sammeln. Dann kamen die sieben schlechten Jahre – wie Josef es vorausgesagt hatte.

In dem Land, in dem Josefs Vater und seine Brüder lebten, herrschte auch eine große Hungersnot. Josefs Vater schickte seine elf Söhne nach Ägypten. „Kauft dort Getreide zum Brotbacken“, sagte er. Als die Brüder ankamen, verneigten sie sich zur Begrüßung vor Josef. So wie die Getreidebündel in Josefs Traum! Josef erkannte seine Brüder sofort. Aber sie erkannten ihren Bruder Josef nicht.

Als die elf Brüder wieder nach Hause gehen wollten, sagte Josef zu den Dienern: „Füllt ihre Getreidesäcke! Und legt das Geld, das sie dafür bezahlt haben, wieder in die Säcke rein! Und noch was: Steckt meinen Silberbecher in den Sack meines jüngsten Bruders Benjamin.“

Als die Brüder wieder losgewandert waren, schickte Josef seine Diener hinter ihnen her. „He, stopp!“, riefen sie. „Ihr habt den Silberbecher gestohlen!“ Sie fanden den Becher in Benjamins Getreidesack. Die älteren Brüder waren sehr verzweifelt: „Wir haben nichts geklaut! Wirklich nicht!“

Einer der Diener sagte: „Ihr könnt zurück zu eurem Vater gehen. Aber derjenige, der den Becher hat, muss hierbleiben.“ – „Oh, nein!“, rief der älteste Bruder. „Unser Vater liebt Benjamin so sehr. Papa wird nur noch weinen, wenn sein jüngster Sohn nicht zurückkommt. Bitte, lass mich anstelle von Benjamin hierbleiben!“

Als Josef das hörte, lief er schnell hinterher. „Ich bin Josef, den ihr nach Ägypten verkauft habt!“, sagte er. „Aber habt keine Angst. Ihr habt mir zwar Böses getan, aber Gott hat daraus etwas Gutes gemacht.“ Dann umarmte Josef jeden seiner Brüder. „Jetzt geht und holt unseren Papa. Dann kommt wieder zu mir“, sagte Josef, „damit wir alle wieder als Familie zusammen sind.“ Und so passierte es dann auch.

JOSEF & SEINE BRÜDER

Such mal

KARREN

KAMEL

FISCH

KRIEGER

BRUDER

MALER

KORB

DIENER

STATUE

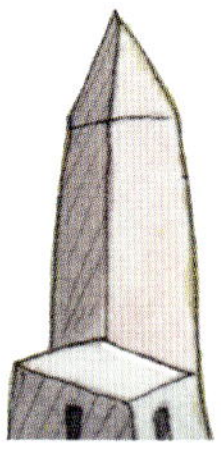

TURM

KIND

MÄDCHEN,
DAS SCHAUKELT

PFLANZE

MOSE IM KÖRBCHEN

2. MOSE 1–2

Die Nachkommen von Josef und seinen Brüdern lebten in Ägypten. Sie alle waren Israeliten. Die neuen Könige, also die Pharaonen, konnten jedoch die Israeliten nicht leiden. Sie mussten als Sklaven für die Ägypter schuften. Einer der bösen Pharaonen dachte sich: „Ich habe Angst, dass die Israeliten so viele Kinder bekommen, dass sie irgendwann viel mehr Leute sind als wir Ägypter. Und dann versuchen sie vielleicht, mich, den mächtigen Pharao, vom Thron zu stürzen!" Der Pharao traf deshalb eine schreckliche Entscheidung: Alle Babys der Israeliten, die als Jungen zur Welt kamen, sollten getötet werden.

Eine Frau aus dem Volk Israel brachte zu dieser Zeit einen Jungen zur Welt. Sie war sehr glücklich über ihr Baby, aber sie hatte auch große Angst. Was, wenn die Soldaten des Pharaos den Kleinen schreien hören? Drei Monate lang kümmerte sich die Mutter um den Kleinen. Aber dann konnte sie das Baby nicht länger verstecken. Da machte sie aus Schilfblättern einen Korb. Dieses Körbchen konnte wie ein kleines Boot auf dem Wasser schwimmen. Da hinein legte die Frau das Baby und setzte das Körbchen in einen Fluss. „Bitte rette mein Kind", betete sie zu Gott.

Mirjam, die Schwester des kleinen Jungen, versteckte sich in der Nähe der Stelle, wo das Körbchen auf dem Fluss schwamm. Und dann passierte etwas Überraschendes – so, wie Gott uns auch heute noch überrascht und aus schlimmen Sachen Gutes macht.

Die Tochter des Pharaos kam nämlich an den Fluss, um dort zu baden. Da sah sie das Körbchen. Sofort schickte sie eine Dienerin, um das Körbchen aus dem Wasser zu holen.

Als die Pharao-Tochter das Baby sah, hatte sie Mitleid mit dem Kleinen. Sie sagte: „Das ist ein Baby von den Israeliten! Was für ein hübscher kleiner Junge! Ich werde ihn behalten. Er soll mein Sohn sein!“

Miriam hatte das alles genau beobachtet. Mutig ging sie zu der Prinzessin und fragte sie: „Soll ich eine Frau suchen, die das Baby für dich stillen kann?“ Die Idee fand die Prinzessin gut. Sie schickte Miriam mit dem kleinen Bruder zurück zur Mutter. Die Mama des kleinen Jungen war überglücklich und dankte Gott! Sie kümmerte sich liebevoll um ihren Sohn, bis er so alt war, dass er nicht mehr gestillt wurde. Dann brachte sie ihr Kind wieder zur Prinzessin. Bei ihr wuchs es von da an auf. Die Prinzessin sagte: „Ich nenne den Jungen Mose, weil der Name bedeutet: ‚Aus dem Wasser herausgezogen‘.“

Mose wuchs im Haus des Pharao auf, wie ein richtiger ägyptischer Prinz. Aber Mose vergaß nie, dass er ein Israelit war. Als Mose ein junger Mann geworden war, fiel ihm auf, wie schlecht die Ägypter die israelitischen Sklaven behandelten. Das machte ihn richtig wütend. Als er eines Tages sah, wie ein ägyptischer Soldat einem der Sklaven sehr wehtat, wurde Mose noch wütender.

Lass mich in Ruhe!

Am nächsten Tag sah Mose, wie zwei Israeliten miteinander stritten. „Warum tust du deinem Bruder weh?“, fragte Mose.

Darauf antwortete einer der beiden Männer: „Bringst du mich jetzt auch um, so wie du gestern den Ägypter umgebracht hast?“ Da bekam Mose einen Riesenschreck. Er musste ganz schnell aus Ägypten verschwinden! Eilig floh er in ein anderes Land. Dort arbeitete er für einen Priester als Schafhirte. Irgendwann heiratete Mose eine wunderschöne Frau – Zippora. Die beiden bekamen zwei Söhne.

GOTT BERUFT MOSE

2. MOSE 2–4

Mose hatte ein gutes Leben mit seiner Frau Zippora.
Er dachte gar nicht mehr an sein Leben in Ägypten.
Aber Gott hatte sein Volk, die Israeliten, nicht vergessen.

Als Mose eines Tages auf dem Feld die Schafe hütete, sah er plötzlich einen seltsamen Busch. Der Busch stand in Flammen, aber er verbrannte nicht! Mose ging zu dem Busch hin. Genau in dem Moment rief Gott ihm aus dem brennenden Busch zu: „Mose, Mose! Komm nicht näher. Zieh deine Sandalen aus. Der Platz, wo du stehst, ist heilig. Ich bin Gott. Ich rede mit dir!" Da zog Mose seine Sandalen aus und kniete sich hin.

Und Gott sagte zu Mose: „Dein Volk, die Israeliten, leiden in Ägypten. Aber ich habe sie nicht vergessen! Sage dem Pharao, dass die Israeliten mein Volk sind. Und sag ihm auch: Gott möchte, dass die Israeliten Ägypten verlassen. Mose, du musst mein Volk aus Ägypten herausführen."

Aber Mose hatte Angst, noch einmal nach Ägypten zurückzugehen. Doch Gott antwortete ihm: „Sag dem Pharao: Gott selbst hat mich zu dir geschickt!" „Aber was ist, wenn der Pharao mir nicht glaubt?", fragte Mose. „Hab keine Angst, Mose! Ich werde bei dir sein." Mose hatte aber immer noch Angst. Er sagte zu Gott: „Er will bestimmt nicht auf mich hören. Er wird sagen: ‚Gott ist dir gar nicht erschienen'." Doch Gott machte ihm Mut: „Nimm deinen Hirtenstab. Geh, Mose. Ich bin bei dir!"

Mose hatte trotzdem noch Angst und fragte: „Kannst du nicht einen anderen schicken, Gott?"
Da seufzte Gott und sagte: „Also gut, Mose. Ich weiß, dass dein Bruder Aaron gut reden kann. Er wird mit dir gehen. Ich sage dir, was du sagen sollst. Und Aaron spricht dann für dich zum Pharao. Okay? Jetzt nimm deinen Hirtenstab. Damit wirst du in meinem Auftrag Wunder tun." Also ging Mose mit Aaron und seiner ganzen Familie nach Ägypten, um mit dem Pharao zu reden.

VIELE PLAGEN

2. MOSE 5,12

Als sie in Ägypten ankamen, gingen Mose und Aaron sofort zum Pharao. Mose hatte jetzt keine Angst mehr. Er sagte dem Pharao, was Gott ihm gesagt hatte: ‚Lass mein Volk aus Ägypten gehen!'

„Gott? Wer ist denn Gott?", lachte da der Pharao. „In diesem Land gibt es nur einen Gott, und das bin ich! Ich lasse die Israeliten nicht gehen!"

Stattdessen mussten die Israeliten jetzt noch schwerer arbeiten als zuvor! Aber weil der Pharao nicht auf Gott hören wollte, schickte Gott sehr unangenehme Plagen für die Ägypter.

Als Erstes verwandelte sich das Wasser in den Flüssen in Blut. Eine Woche später schickte Gott die nächste Plage: In ganz Ägypten wimmelte es von Fröschen. Sie waren überall. Sie hüpften in die Häuser, in die Betten, in die Schüsseln und Töpfe in der Küche. Nach einer Weile rief der Pharao Mose und Aaron zu sich. „Betet zu eurem Gott und bittet ihn, die Frösche wegzuschaffen. Dann lasse ich das Volk gehen", versprach er.

Am nächsten Tag waren wirklich alle Frösche wieder weg! Aber der Pharao ließ das Volk der Israeliten trotzdem nicht gehen. Deshalb schickte Gott eine weitere Plage: Stechmücken. Und gleich danach Schwärme von Fliegen. Für die Ägypter wurde es so schlimm, dass der Pharao schließlich versprach: „Ich lasse dein Volk gehen, Mose. Wenn nur die Fliegen sofort verschwinden!"

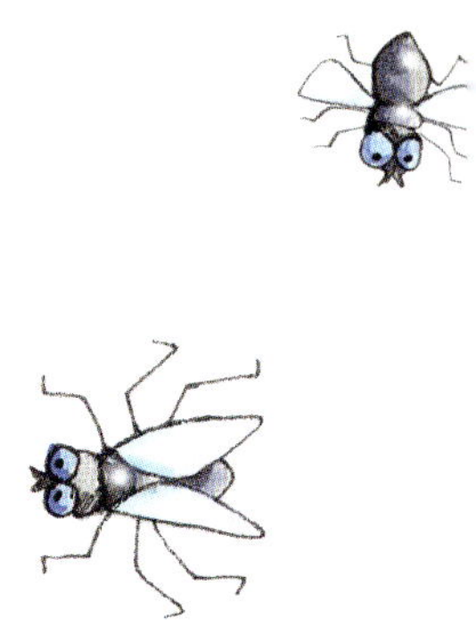

Aber wieder hielt der Pharao sein Versprechen nicht, als Gott die Fliegen verschwinden ließ. Da schickte Gott ein weiteres Unglück: Die Tiere der Ägypter wurden krank.

Und dann wurden auch alle Ägypter selbst sehr krank. Den Menschen ging es so schlecht, dass sie im Bett bleiben mussten. Aber die Israeliten blieben alle gesund.

Noch einmal ging Mose zum Pharao. „Lass mein Volk endlich gehen!“, sagte er.

Aber der Pharao wollte immer noch nicht auf Mose hören. Deshalb schickte Gott ein weiteres Unglück: ein schreckliches Gewitter mit Regen, Sturm und dicken Hagelkörnern. Das Unwetter machte die ganze Ernte auf den Feldern kaputt. Und die Hagelkörner waren so groß, dass sie Löcher in die Dächer schlugen. Trotzdem wollte der Pharao die Israeliten nicht gehen lassen!

Dann schickte Gott sehr, sehr viele Heuschrecken nach Ägypten. Riesengroße Schwärme waren das! Die Heuschrecken fraßen alles ab, was nach dem Unwetter und dem Hagelsturm noch grün war.

Danach sagte Gott: „Jetzt soll es in ganz Ägypten ganz dunkel werden.“ Drei Tage lang war es stockdunkel. Deshalb verließen die Ägypter drei Tage lang nicht ihre Häuser. Aber in und bei den Häusern von Gottes Volk, den Israeliten, war es hell!

Da sagte Gott zu Mose: „Bald wird der Pharao euch ziehen lassen. Deshalb geh und sag deinen Leuten, dass sie sich bereit machen sollen, Ägypten zu verlassen. Jede Familie soll sich heute Abend versammeln und zusammen essen.“

Noch in derselben Nacht ließ der Pharao Mose zu sich rufen und sagte:

„So viele Plagen! Jetzt reicht es! Nimm dein Volk und geh. Ich will dich nie wieder sehen!“

DURCH DAS ROTE MEER

2. MOSE 13–17

Mose führte die Israeliten aus Ägypten heraus. Vor ihnen lag das Land, das Gott ihnen versprochen hatte. Doch es gab ein großes Problem: Vor ihnen war nämlich ein großes Meer, und sie hatten keine Boote, um es zu überqueren. Was aber noch viel schlimmer war: Der Pharao schickte seine Soldaten hinter den Israeliten her, um sie nach Ägypten zurückzuholen! Als die Israeliten die Ägypter näherkommen sahen, bekamen sie schreckliche Angst.

Sie beschwerten sich bei Mose: „Warum hast du uns hierhergebracht? Als Sklaven in Ägypten zu arbeiten, ist besser als hier zu sterben!“ Aber Mose beruhigte die Menschen: „Habt keine Angst. Gott wird uns helfen! Er selbst wird für uns kämpfen. Wartet einfach ab.“

Und tatsächlich, in der Nacht schickte Gott einen Sturm. Der Wind blies so heftig, dass er das Meer in der Mitte teilte! Das Wasser wurde nach links und nach rechts gedrückt. Und dazwischen war plötzlich ein trockener Weg. Auf diesem Weg liefen die Israeliten einfach durch das Meer hindurch auf die andere Seite.

Der Pharao sah, dass die Israeliten durch das Meer liefen. „Los, jagt ihnen hinterher!", rief er seinen Soldaten zu. „Wir müssen sie fangen!" Die Ägypter liefen los. Aber dann bekamen sie Angst, weil die Räder ihrer Kampfwagen im weichen Boden stecken blieben. Da befahl der Pharao: „Lasst uns schnell umkehren. Es wird zu gefährlich für uns! Denn Gott kämpft für die Israeliten!"

Das Volk der Israeliten war inzwischen auf der anderen Seite des Meeres angekommen. Da sagte Gott zu Mose: „Halte deine Hand über das Meer! Dann wird die Straße durch das Meer wieder mit Wasser gefüllt werden." Das machte Mose. Und das Wasser floss tatsächlich wieder zurück. Alle Ägypter ertranken.

Gott hatte sein Volk vor der Armee des Pharao gerettet! Durch ein Wunder. Die Israeliten brauchten jetzt nicht mehr als Sklaven in Ägypten zu leben. Sie waren frei.

Such mal

WAL

MÄDCHEN

DAS ROTE MEER

MANN

SOLDAT

HUND

ESEL

SCHWERTFISCH

FROSCH

JUNGE AUF FELSEN

GOTT VERSORGT SEIN VOLK IN DER WÜSTE

2. MOSE 16–17

Guck mal!!

Essen vom Himmel!!

Die Israeliten waren jetzt in einer Wüste angekommen. Die Menschen fingen wieder an, sich bei Mose zu beschweren. „Mose, wir haben Hunger!“, riefen sie. Und Gott versorgte die Menschen: Jeden Morgen lagen viele Stückchen von einer Art süßem Brot auf dem Boden. Die Leute nannten es „Manna“. Und jeden Nachmittag schickte Gott Wachteln zu den Israeliten ins Lager. Sie kamen direkt zu den Leuten geflogen! Die kleinen Hühnchen ließen sich leicht fangen und die Menschen bereiteten sie als Essen zu.

Eines Tages kamen sie an einen Ort, wo es kein Trinkwasser gab. Wieder fingen die Israeliten an, sich zu beschweren. „Gib uns etwas zu trinken, Mose!“, sagten sie. Also betete Mose zu Gott. Und Gott zeigte Mose einen Felsen. „Schlage mit deinem Hirtenstab gegen den Felsen“, sprach Gott. Das machte Mose. Und sofort kam Wasser aus dem Felsen geflossen! Jetzt konnten die Menschen trinken. Und wieder merkten die Menschen: Gott versorgt uns! Sogar hier, mitten in der heißen Wüste!

DIE ZEHN GEBOTE

2. MOSE 19–20

Die Israeliten zogen weiter durch die große Wüste. Eines Tages kamen sie an einen Berg. Dort schlugen sie ihre Zelte auf. Auf einmal bedeckte eine dunkle Wolke den Berg. Es blitzte und donnerte – so heftig, dass die Erde bebte! Da stieg Mose auf den Berg, um dort oben mit Gott zu reden. Vierzig Tage blieb Mose auf dem Gipfel, wo Gott lange mit ihm redete. Gott gab Mose zwei Steintafeln, auf die Gott seine Gebote geschrieben hatte:

Die zehn Gebote

1. Ihr sollt nur Gott anbeten und sonst nichts und niemanden.
2. Ihr sollt euch kein Bildnis von Gott machen.
3. Mein Name ist heilig. Benutzt ihn nicht für Böses.
4. Der siebte Tag der Woche ist heilig. Da sollt ihr euch ausruhen – und nicht arbeiten.
5. Ehrt euren Vater und eure Mutter.
6. Ihr sollt nicht töten.
7. Wenn ihr heiratet, dann haltet euer Ehe-Versprechen.
8. Ihr sollt nicht stehlen.
9. Ihr sollt andere nicht anlügen.
10. Seid nicht neidisch auf Dinge, die eurem Nachbarn gehören.

Während Mose auf dem Berg war, sagten die Israeliten: „Was wohl mit Mose passiert ist? Er kommt gar nicht wieder zurück. Ob er vielleicht tot ist? Lasst uns doch einfach ein paar Götterfiguren machen. Die beten wir dann an, und bitten sie, uns zu beschützen. Denn Mose ist ja nicht da."

Und sie nahmen ihre goldenen Ohrringe und Ketten und Armreifen ab und gaben sie Moses Bruder Aaron. Der schmolz den Schmuck zu flüssigem Gold. Dann machte er daraus ein goldenes Kalb. Das beteten die Menschen dann an.

Als Mose wieder gesund und munter vom Berg herunterkam, erschrak er. Er war richtig entsetzt!

„Warum betet ihr ein goldenes Kalb an? Das ist doch kein Gott, sondern nur totes Metall!“ Wütend warf Mose die Steintafeln auf den Boden – die Tafeln mit den Zehn Geboten, die Gott ihm gegeben hatte. Die zwei Tafeln zerbrachen in tausend Stücke.

„Oh, was haben die Menschen nur gemacht!“, seufzte Mose. „Sie haben sich eine eigene Götterfigur gebaut und sie angebetet! Weil sie Gott nicht mehr vertraut haben! Gott wird jetzt sicher sehr traurig und enttäuscht darüber sein.“

Deshalb betete Mose zu Gott: „Bitte vergib den Menschen, was sie getan haben.“ Und weil Gott die Menschen lieb hatte, vergab er ihnen. Und was war jetzt mit den Zehn Geboten? Gott machte neue Steintafeln und gab sie Mose. Diese Tafeln bewahrte Mose in einem wunderschön geschmückten Zelt auf. Wie einen wertvollen Schatz. Die Tafeln waren ein Zeichen für die Menschen: dass Gott versprochen hatte, immer bei ihnen zu sein!

GOTT, vergib uns!

DIE MAUERN VON JERICHO

4. MOSE 13–14; 5. MOSE 34; JOSUA 1–3, 5–6

Die Israeliten wanderten lange durch die Wüste. Schließlich kamen sie an die Grenze des Landes Kanaan. Das war das Land, das Gott ihnen versprochen hatte. An der Grenze suchte Mose zwölf Männer aus. Er gab ihnen den Auftrag: „Schaut euch in dem Land um. Findet heraus, ob man dort gut leben kann!“

Bald kamen die zwölf Männer wieder zurück. Sie trugen eine Weintraube, die war so schwer, dass zwei Männer sie tragen mussten! Zehn von den Männern sagten: „In diesem Land gibt es wirklich alles im Überfluss. Seht nur die Früchte, die wir mitgebracht haben. Aber die Menschen dort leben in großen Städten, die von Mauern umgeben sind. Da haben wir keine Chance.“ Doch die anderen beiden Männer – Josua und Kaleb – sagten: „Doch, wir können in dem Land leben! Gott wird uns helfen!“

Aber die Menschen hatten immer noch Angst. Sie glaubten nicht, dass Gott ihnen wirklich helfen wird. Da wurde Gott sehr traurig. Er sagte: „Weil ihr mir nicht glaubt, lasse ich euch noch nicht in das Land rein, das ich euch versprochen habe.“ Die Israeliten mussten noch mal vierzig Jahre in der Wüste bleiben! Dann sagte Gott: „Jetzt könnt ihr in das Land Kanaan hineingehen.“

Mose war inzwischen sehr alt. Er war nicht mehr so stark wie früher und konnte auch nicht mehr gut sehen. Deshalb wurde Josua der neue Anführer der Israeliten. Er führte die Menschen nach Kanaan rein. Sie überquerten einen großen Fluss, den Jordan. Dann kamen sie zur Stadt Jericho. Sie war von einer hohen Mauer umgeben. Aber Josua machte sich darüber keine Sorgen. Denn Gott hatte ihm schon gesagt, wie sie in die Stadt reinkommen werden …

Josua schickte heimlich zwei Männer hinein nach Jericho. Dort wohnten sie bei einer Frau, die Rahab hieß. Während dieser Zeit kamen Boten des Königs zu Rahab und sagten: „He, wir wissen, dass deine Gäste Spione der Israeliten sind! Gib sie raus! Wir nehmen sie gefangen!“ Darauf sagte Rahab: „Ja, es waren zwei Männer da. Aber ich weiß nicht, woher sie kommen. Und außerdem sind sie schon wieder weg.“ Das glaubten ihr die Boten des Königs und gingen wieder. Doch die beiden Männer hatten sich in Rahabs Haus versteckt. Rahab ging zu ihnen und sagte: „Ich weiß, dass Gott euch dieses Land, Kanaan, gegeben hat. Ich war freundlich zu euch. Deshalb: Seid jetzt bitte auch freundlich zu mir!“

Daraufhin versprachen die Männer: „Wenn du uns nicht verrätst, wird dir nichts passieren.“ Rahab half den Männern, nachts heimlich aus der Stadt rauszukommen. Die beiden kletterten an einem langen Seil aus dem Fenster. Als sie unten angekommen waren, sagten die Männer zu ihr: „Hänge das Seil an dein Fenster. Allen, die in deinem Haus sind, wird nichts geschehen. Sie sind in Sicherheit.“

Die Männer kehrten wieder zu Josua zurück und sagten: „Es stimmt. Gott will uns die Stadt geben. Aber die Menschen in der Stadt haben große Angst vor uns.“ Da befahl Josua seiner Armee, sechs Tage lang jeden Tag einmal um die Stadt herumzugehen. Am siebten Tag sagte Gott zu den Priestern: „Lauft vor den Soldaten her um die Stadtmauer und blast auf euren Posaunen!“ Gleichzeitig sollten die Israeliten ganz laut schreien. Und da stürzten plötzlich die Mauern von Jericho ein! Die Israeliten konnten einfach in die Stadt hineinlaufen.

Die beiden Männer hielten ihr Versprechen: Sie beschützten Rahab und ihre ganze Familie. Die Israeliten freuten sich. Nach all den Jahren in der Wüste hatten sie jetzt endlich ihr eigenes Land. Gott hatte sein Versprechen gehalten!

DIE MAUERN STÜRZEN EIN

Such mal

FAHNE

FLIEGENDES EICHHÖRNCHEN

PFERD

DECKE

SOLDAT

AFFE

FALLENDER MANN

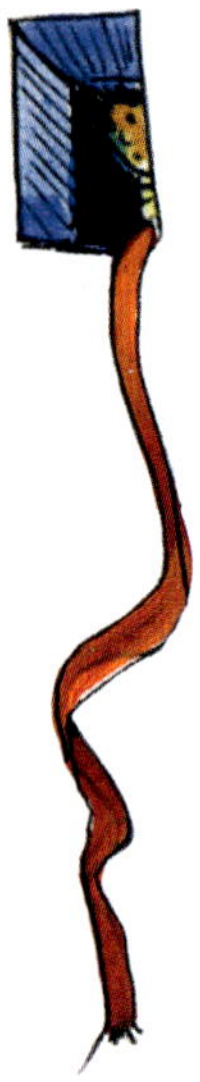

ROTES SEIL

FRAU

DER STARKE SIMSON

RICHTER 13–16

Genau wie Mose war auch Josua ein guter Anführer. Aber nachdem Josua gestorben war, vergaßen die Israeliten Gott wieder. Gott ließ deshalb zu, dass ein anderes Volk, die Philister, über die Israeliten herrschten. Irgendwann suchte Gott nach einem neuen Anführer, der das Volk wieder befreien sollte: Simson.

Simsons Eltern konnte viele Jahre lang keine Kinder bekommen. Doch eines Tages kam ein Engel Gottes zu ihnen und sagte: „Bald werdet ihr einen Sohn haben. Aber ihr dürft ihm niemals die Haare schneiden. Gott wird euer Kind zu einem Anführer in Israel machen. Er wird die Israeliten vor seinen Feinden, den Philistern, retten. Vergesst nicht: Von seiner Geburt bis zu seinem Tod dürfen niemals seine Haare geschnitten werden! Das ist das Zeichen, dass er zu Gott gehört.“

Und es geschah genau so, wie der Engel es gesagt hatte. Simson wurde geboren und Gott segnete ihn. Und Simson erlaubte wirklich keinem, ihm die Haare zu schneiden. Schon als junger Mann war er sehr, sehr stark. Einmal kämpfte er gegen einen riesigen Löwen, der ihn angegriffen hatte. Aber Simson war so stark, dass er den Löwen mit seinen Händen besiegte!

Als die Philister sahen, wie stark Simson war, bekamen sie Angst. Sie wussten erst nicht, was sie tun sollten. Aber sie waren sehr schlau. Eines Tages erfuhren die Philister, dass Simson sich in eine Frau verliebt hatte: in Delila. Delila war ein Philistermädchen. Sie sagten zu Delila: „Du bekommst von uns sehr viel Geld, wenn du herausfindest, warum Simson so stark ist! Sag uns das Geheimnis!“

Zuerst wollte Simson es Delila nicht verraten. Doch irgendwann erzählte er es ihr doch. Er sagte: „Ich bin so stark, weil ich mir nie die Haare schneiden lasse. Das ist das Geheimnis. Wenn mir das Haar abgeschnitten wird, habe ich keine Kraft mehr.“

Delila ging zu den Philistern und sagte: „Er hat es mir verraten.“ Und als Simson schlief, kam ein Philister und schnitt ihm die Haare ab. Von da an hatte Simson keine Kraft mehr. Die Philister konnten ihn ganz leicht gefangen nehmen. Sie fesselten ihn und warfen ihn ins Gefängnis.

Eines Tages feierten die Philister in ihrem Tempel ein großes Fest zu Ehren ihres falschen Gottes Dagon. Während des Festes holten sie Simson aus dem Gefängnis, um ihn auszulachen. Simson war die ganze Zeit an einen Pfeiler des Tempels gekettet. Alle feierten, aber die Philister hatten nicht daran gedacht, dass Simsons Haar im Gefängnis wieder nachgewachsen war …

Simson betete: „Bitte, Gott, gib mir noch ein einziges Mal meine alte Kraft zurück!“ Und das tat Gott. Simson drückte, so fest er konnte, und die dicken Pfeiler des Tempels zerbrachen wie Streichhölzer. Der ganze Tempel stürzte ein. Und alle Philister und auch Simson kamen dabei um. Simson, der Anführer der Israeliten, hielt seine Versprechen an Gott nicht. Aber Gott hielt sein Versprechen: nämlich, sein Volk, die Israeliten, von den Philistern zu befreien.

IM TEMPEL

Such mal

MANN,
DER FÄLLT

PAAR,
DAS WEGRENNT

SOLDAT

SIMSON

SCHMETTERLINGE

SÄULE

MANN, DER IN
DECKUNG GEHT

MANN,
DER RUTSCHT

JUNGE, DER
SICH FESTHÄLT

TASCHE

KOPF EINER
STATUE

DAVID & GOLIATH

1. SAMUEL 8–10; PSALM 23

Inzwischen war König Saul der Anführer des Volkes Israel. Eines Tages sagte Gott zu einem Propheten, der Samuel hieß: „Nach Saul soll David König werden! Geh und salbe ihn jetzt zum König!" David war noch ein Junge, der zu Hause bei seinen Eltern wohnte. Er arbeitete als Schafhirte. Nanu, ein Schafhirte als König? Aber Samuel gehorchte Gott. Er ging zum Haus von Davids Vater und salbte David. Er strich dem Jungen etwas Öl auf die Stirn, das gut roch. Dabei segnete er David. Das war ein Versprechen von Gott: Gott wird ihn eines Tages zum König von Israel machen.

König Saul war ein großer, starker Mann. Die Menschen dachten: „Hoffentlich wird Saul unseren schlimmsten Feind, die Philister, endlich besiegen!"

Die Philister griffen die Israeliten immer wieder an. Einer ihrer Soldaten war wirklich ein Riese. Er hieß Goliath und hatte einen Helm und einen Schild aus schwerem Metall. Tag für Tag forderte Goliath die israelitischen Soldaten auf: „Los, kommt her und kämpft gegen mich!" Goliath machte sich über die Israeliten lustig. Und er verspottete ihren Gott. Doch keiner wollte gegen Goliath kämpfen, weil er so groß und so stark war.

Eines Tages kam der junge Schafhirte David in das Lager der Soldaten. Er war es gewohnt, die Schafe vor wilden Tieren zu beschützen. Deshalb hatte er vor nichts Angst. David sah Goliath und merkte, wie viel Angst die Israeliten vor dem Riesen hatten. Deshalb ging er zu König Saul und sagte: „Ich habe keine Angst vor Goliath! Ich will gegen ihn kämpfen!“ Aber Saul sagte: „Du bist doch noch ein Kind! Was willst du denn schon tun?“ Darauf antwortete David: „Mit Gottes Hilfe habe ich schon Löwen und Bären getötet, die sich meine Schafe holen wollten. Gott wird mir auch helfen, gegen Goliath zu kämpfen!“

Saul staunte über diese mutigen Worte. Er gab David sein eigenes Schwert und seinen Schild. Aber das war alles so schwer, dass David es gar nicht tragen konnte. Also gab er die Waffe und den Schutzschild wieder an den König zurück. Dann ging er zu einem kleinen Bach. David sammelte dort fünf glatte Kieselsteine und steckte sie in den Lederbeutel, den er am Gürtel trug. Jetzt rief der Hirtenjunge dem Riesen Goliath zu: „Du kämpfst mit deiner ganzen Kraft gegen mich. Aber ich kämpfe mit der Kraft, die Gott mir gibt!“ Und dann rannte er auf Goliath zu. Er griff in den Beutel, legte einen der Steine in seine Steinschleuder und schoss ihn auf Goliath ab. Und er traf ihn mitten auf der Stirn! Der Riese brach sofort zusammen und fiel um. David hatte den Riesen der Philister-Armee besiegt! Mit einem einzigen Stein und einer Schleuder! Gott hatte David wirklich geholfen.

Als Saul gestorben war, wurde David endlich König von Israel. Er baute ein mächtiges Königreich auf und besiegte viele Feinde. David hatte Gott lieb und hörte auf ihn. Er war ein guter König. Die Menschen lobten ihn dafür.

GOLIATH WIRD BESIEGT

Such mal

SOLDAT IM BAUM

ZWEI SOLDATEN

ENTE

GEFANGENE SOLDATEN

SCHAFE

VOGEL

KRIECHENDER SOLDAT

KÖNIG SAUL

SOLDAT IM VERSTECK

JONA & DER GROSSE FISCH

JONA 1–3

Ninive war eine sehr große Stadt. Aber die Menschen dort waren böse und taten schreckliche Dinge. Darüber war Gott sehr traurig und auch zornig.

Eines Tages sagte Gott zu Jona: „Jona! Du musst nach Ninive gehen und den Menschen dort sagen, dass sie aufhören sollen, so böse zu sein." Aber Jona wollte nicht gehen. Er hatte Angst. Deshalb lief er zum Hafen. Dort stieg er auf ein Schiff, das weit weg fuhr. Jona glaubte, dass er vor Gott weglaufen könnte. Er versteckte sich auf dem Schiff und versuchte zu schlafen.

Während Jona schlief, schickte Gott einen Sturm.

Der war so stark, dass die Seeleute Angst bekamen und Jona aufweckten. „Wir müssen herausfinden, wer an dem Sturm schuld ist!“, riefen sie. Da sagte Jona: „Eigentlich soll ich gar nicht hier auf dem Schiff sein. Es ist wohl meine Schuld, dass Gott diesen Sturm geschickt hat! Werft mich ins Wasser, dann hört der Sturm bestimmt auf.“ Da warfen die Seeleute Jona ins Meer und sofort war das Wasser ruhig. Der Sturm war weg, es gab keine hohen Wellen mehr! Die Männer auf dem Schiff waren froh und dankten Gott.

Aber Jona versank immer tiefer im Meer. Plötzlich sah er einen großen Schatten unter sich. Es war ein riesiger Walfisch, der Jona in einem großen Happen verschluckte. Drei Tage saß Jona im Bauch des Fisches. Dann befahl Gott dem Fisch, Jona am Ufer des Meeres wieder auszuspucken.

Jona jubelte. Er dankte Gott und sagte: „Von jetzt an will ich tun, was du sagst.“ Da sagte Gott noch einmal zu Jona: „Geh nach Ninive. Sag den Menschen dort, dass sie sich ändern müssen!“ Und dieses Mal ging Jona tatsächlich dorthin. „Ihr müsst aufhören, so böse zu sein!“, rief er. „Das sagt euch Gott! Er liebt euch, aber ist sehr traurig über das, was ihr tut!“ Die Menschen hörten auf Jona und baten Gott um Verzeihung. Als Gott sah, dass es den Menschen wirklich leidtat, vergab er ihnen gern.

DER GROSSE FISCH

Such mal

SEEPFERDCHEN

CLOWNFISCH

KUGELFISCH

SEESTERN

ROHRSCHWAMM

SCHILDKRÖTE

MUSCHEL

FISCHER

DIE DREI FREUNDE IM FEUEROFEN

DANIEL 1–3

Nebukadnezar war der König eines riesigen Reiches. Er war mächtig, aber auch ein sehr böser Mann. Eines Tages ließ der König eine riesige Statue aus Gold bauen. Dann stellte er die goldene Statue an einen Platz, wo jeder sie sehen konnte. „Hört, ihr Leute!", rief König Nebukadnezar, „wenn in der Stadt die Musik des Königs erklingt, muss sich jeder vor der Statue verbeugen und sie anbeten! Wer das nicht tut, wird in den Feuerofen geworfen!" Wenn die Menschen nun die Musik hörten, verneigten sich alle vor der Statue und beteten sie an.

Aber drei Männer machten das nicht. Sie hießen Schedrach, Meschach und Abed-Nego. Alle drei waren Juden und arbeiteten am Königshof. Als der König das hörte, wurde er sehr böse und ließ die Männer holen. „Stimmt es, dass ihr die Statue nicht anbeten wollt? Ich gebe euch noch eine letzte Chance. Also: Wenn ihr die Musik hört und euch vor der Statue verneigt, passiert euch nichts. Wenn ihr das aber nicht tut, lasse ich euch sofort in den Feuerofen werfen."

Aber Schedrach, Meschach und Abed-Nego sagten: „Ach Nebukadnezar, wir brauchen nicht lange zu überlegen, was wir dir antworten sollen. Wenn unser Gott uns retten will, dann wird er uns retten! Weil er die Macht hat, uns vor dem Feuer zu schützen. Aber selbst, wenn er uns nicht retten wird: Wir werden die Statue auf gar keinen Fall anbeten!" Da wurde König Nebukadnezar sehr wütend. Auf der Stelle ließ er die Männer von seinen Soldaten in den Feuerofen werfen.

Doch dann passierte etwas Erstaunliches: Das Feuer tat den drei Freunden nichts! Nicht einmal ihre Kleider wurden angekohlt. Die drei Männer begannen, in dem großen Ofen umherzulaufen. Als der König das sah, erschrak er: „Ich habe doch drei Männer in den Ofen werfen lassen. Aber jetzt sehe ich dort vier Männer! Einer von ihnen sieht aus wie ein Engel!"

Der König ging zum Ofen und rief: „Schedrach, Meschach und Abed-Nego, ihr Diener des höchsten Gottes! Kommt aus dem Feuer heraus!" Und als die drei Freunde aus dem Feuer herauskamen, rochen sie nicht einmal verbrannt! Jetzt wusste König Nebukadnezar, dass Gott die Drei gerettet hatte. Er erkannte: Gott ist wirklich stark und mächtig. Sofort machte der König in seinem Land ein neues Gesetz: Niemand durfte etwas Schlechtes über den Gott der Israeliten sagen. Daniels Freunde hatten Gott vertraut, und Gott hatte sie gerettet. Und alle Menschen in dem Königreich erfuhren, was Gott an diesem Tag getan hatte.

DER FEUEROFEN

Such mal

MUTTER MIT KIND

LAMPE

BLUME

JUNGE

SCHLANGEN-
BESCHWÖRER

FRAU UND JUNGE

MÄDCHEN

JUNGE UND SOLDAT

KÖNIGIN ESTHER

BUCH ESTHER

Xerxes war König von Persien. Eines Tages wollte er heiraten. Deshalb suchten seine Diener im ganzen Land nach einer passenden Frau für ihn. Viele junge Frauen wurden in den Palast eingeladen. Auch eine junge Frau aus dem jüdischen Volk wurde zum König gebracht. Sie hieß Esther. Der König verliebte sich sofort in sie, weil sie so schön und so klug war. Er heiratete Esther und sie wurde seine Königin.

Aber der König wusste nicht, dass Esther eine Jüdin war. Sie war bei einem Verwandten aufgewachsen, der Mordechai hieß.

König Xerxes hatte einen Berater, der hieß Haman. Haman war der zweitmächtigste Mann im Staat, gleich nach dem König. Deshalb befahl der König: „Alle müssen sich vor Haman verneigen!“ Doch Mordechai tat das nicht. Da wurde Haman sehr böse und beschloss: „Ich werde dafür sorgen, dass alle Juden in Xerxes’ Königreich bestraft werden!“

Haman ging zum König. „Lieber Xerxes, die Juden wollen dir nur schaden. Deshalb müssen sie alle bestraft werden!“ Der König überlegte. Dann stimmte er zu. Die Boten des Königs verkündeten den schrecklichen Befehl im ganzen Land.

Als Mordechai das hörte, war er sehr verzweifelt. Auch alle anderen Juden im Land weinten. Doch da fiel Mordechai wieder ein, dass Esther ja beim König lebte! Es gab jedoch ein königliches Gesetz, in dem stand: „Niemand darf einfach so zum König gehen. Nicht mal die Frau des Königs. Man darf nur mit dem König sprechen, wenn man von ihm eingeladen wird. Wer sich nicht daran hält, kommt ins Gefängnis."

Obwohl Mordechai das wusste, schickte er Esther einen Brief, in dem stand: „Liebe Esther, bitte hilf uns. Wenn du dich nicht beim König für die Juden im Land einsetzt, werden wir alle bestraft. Vielleicht bist du ja Königin geworden, um uns zu retten!" Darauf antwortete Esther: „Geh und rufe alle Juden zusammen. Sie sollen für mich beten. Meine Dienerin und ich werden auch beten. Dann werde ich zum König gehen. Wenn er mich dafür bestraft, dass ich ohne Einladung zu ihm komme, dann ist das eben so."

Einige Tage später ging Esther zum König. Als Xerxes sie kommen sah, freute er sich. Er hielt sein Zepter hoch. Das war das Zeichen, dass Esther willkommen war. „Worum bittest du mich, Esther?", fragte der König. „Ach König, bitte rette doch die Menschen aus meinem Volk vor Strafe!", bat Esther. „Die Juden und auch ich sind zu Unrecht beschuldigt worden. Ich bin auch eine Jüdin! Aber wir wollen dir doch überhaupt nichts Böses tun! Das ist eine Lüge! Und jetzt sollen wir bestraft werden …" Der König erschrak. „Wer plant denn etwas so Böses?", fragte er. „Dieser Haman!", antwortete Esther.

Da wurde der König sehr zornig. „Dieser Haman hat mich überredet, eine so schreckliche Entscheidung zu treffen. Unglaublich!", sagte er. „Deshalb werde ich Haman jetzt hart bestrafen." Anstelle von Haman wurde Mordechai der neue Berater des Königs.

Weil Esther sich so sehr für ihr Volk eingesetzt hat, wurde sie von allen Juden bejubelt. Bis heute wird sie deshalb in Israel gefeiert.

DAS NEUE TESTAMENT

DIE GESCHICHTE VON JESUS

Im zweiten Teil der Bibel, dem Neuen Testament, ist Jesus die Hauptperson. Alles, was dort erzählt wird, dreht sich um ihn. Das Neue Testament beginnt mit der Geburt von Jesus. Gott selbst hat Jesus zu den Menschen geschickt. Jesus ist der Sohn von Gott. Er kam zu uns in die Welt, damit wir ganz eng mit ihm zusammenleben können. So wie ganz am Anfang Adam und Eva eng mit Gott zusammen waren. Gott möchte mit uns Menschen zusammen sein, denn er hat uns unendlich lieb!

Jesus wurde der Retter der ganzen Welt und der König aller Könige. Er hat die Menschen geliebt, sie gesund gemacht und ihnen viel über Gott erzählt. Jesus wollte, dass die Menschen Gott immer besser kennenlernen. Eines Tages musste Jesus sterben. Aber danach hat Gott ihn wieder lebendig gemacht. Jesus lebt wieder! Auch wenn wir ihn nicht sehen können. Aber wir können seine Liebe spüren.

Jesus hilft uns, wenn wir Angst haben oder traurig sind. Er schenkt uns Ruhe. Er ist immer bei uns. So wie Gott. Er ist auch immer bei uns. Wir sind nie allein und brauchen keine Angst zu haben.

BESUCH VON GABRIEL

Such mal

WÄSCHELEINE

MÄDCHEN

MARIA

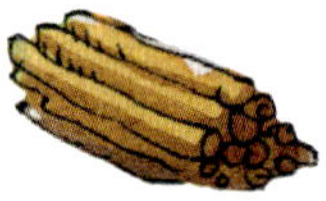

HOLZ

WIPPE

FRAU

HAUS

VERKÄUFER

EINE WUNDERBARE NACHRICHT

LUKAS 1

Vor über zweitausend Jahren – so sagt es die Bibel – passierte etwas Wunderbares. In Israel, in der Stadt Nazareth, lebte eine Frau, die hieß Maria. Maria wollte bald heiraten, einen Mann, der Josef hieß. Die beiden freuten sich schon auf das gemeinsame Leben.

Aber eines Tages veränderte sich alles. Maria kehrte gerade das Haus, da wurde es plötzlich sehr, sehr hell. Gottes Engel Gabriel stand vor ihr und sagte: „Hab keine Angst, Maria! Gott hat mich zu dir geschickt. Ich sage dir: Du bist die glücklichste Frau der Welt. Denn Gott will seinen Sohn in diese Welt schicken. Und du sollst den Sohn von Gott zur Welt bringen! Jesus sollst du das Baby nennen."

Maria war ganz durcheinander. „Wie soll denn das gehen?", fragte sie. „Ich bin doch noch gar nicht verheiratet!" Da antwortete Gabriel: „Gottes Kraft wird dich berühren. Dann wirst du schwanger sein. Für Gott ist nichts unmöglich!"

Maria war sehr glücklich, bald ein Baby zu bekommen. Aber sie hatte auch Angst: Was wird Josef sagen? Ob er glauben wird, was der Engel zu Maria gesagt hat? Doch Gott kümmerte sich um alles. Maria brauchte sich keine Sorgen mehr zu machen. Josef hatte nämlich einen Traum. Er sah im Schlaf einen Engel, der ihm sagte: „Maria wird ein Kind bekommen. Durch die Kraft von Gott wird sie schwanger werden. Aber hab Mut! Lauf nicht weg. Heirate Maria und sei der Papa ihres Babys." Josef war verwundert. Aber er tat, was Gott ihm gesagt hatte.

JESUS WIRD GEBOREN

LUKAS 2

Maria und Josef freuten sich auf ihr Baby. Aber dann kam ein Gesetz vom römischen Kaiser. Der Kaiser sagte: „Jeder muss Steuergeld bezahlen! Ich will herausfinden, wie viele Menschen in meinem Reich leben. Damit ich weiß, wie viel Geld ich einsammeln kann. Ich befehle: Jeder muss jetzt in die Stadt reisen, in der er geboren wurde. Dort muss er sich in eine Steuerliste eintragen." Maria und Josef mussten nun nach Bethlehem reisen. Das war weit weg von ihrem Wohnort in Nazareth. Die Reise war lang und hart. Denn Maria war ja schwanger!

Als Maria und Josef in Bethlehem ankamen, waren sie müde und hungrig. Josef suchte nach einer Unterkunft, aber er fand keine. Niemand in der ganzen Stadt hatte ein Zimmer für sie frei. Aber dann fanden sie einen freundlichen Mann, der zeigte ihnen den Weg zu einem Stall. Dort, bei den Tieren, konnten sie schlafen. Es war eine kalte und finstere Nacht, als Maria ihren Sohn zur Welt brachte. Jesus war genauso klein und hilflos wie jedes neugeborene Baby. Maria wickelte es in ein Tuch. Dann legte sie den kleinen Jesus in eine Futterkrippe mit Heu. Beide, Maria und Josef, hatten das Kind sehr lieb und freuten sich. Denn der Sohn von Gott war geboren. Jesus. „Er wird einmal die ganze Welt retten und heilen", flüsterte Maria.

Such mal

SCHLAFENDER MANN

MÄDCHEN

MANN

MÄDCHEN MIT PUPPE

SOLDAT

MANN

IN BETHLEHEM

HAHN

MAUS

DIE HIRTEN VON BETHLEHEM

LUKAS 2

In der Nacht, als Jesus geboren wurde, waren Hirten auf den Feldern bei Bethlehem. Sie hüteten ihre Schafe, um sie vor wilden Tieren zu beschützen. Plötzlich sahen die Hirten ein helles Licht am Nachthimmel. Überall in der Luft waren Engel, die wunderschön sangen. „Lobt Gott im Himmel!", jubelten sie. „Auf der ganzen Erde soll Frieden sein. Jeder, der Gott vertraut, wird keine Angst mehr haben." Und einer der Engel sagte zu den Hirten: „Habt keine Angst! Ich habe eine wunderbare Nachricht für euch. Jeder wird sich darüber freuen. Heute Nacht ist in Bethlehem der Retter der ganzen Welt geboren worden. Geht hin! Er ist in eine Windel gewickelt und liegt in einer Futterkrippe in einem Stall."

Die Engel kehrten wieder in den Himmel zurück. Und die Hirten staunten: „Oh, wie großartig! Lasst uns nach Bethlehem gehen und sehen, was der Engel gesagt hat." Sie packten alles zusammen und machten sich schnell auf den Weg. Als sie am Stall ankamen, fanden sie Maria und Josef und das Kind in der Futterkrippe. Das Baby war in eine Windel gewickelt. Alles war genau so, wie es der Engel gesagt hatte. Das winzige Baby war der Sohn von Gott.

Die Hirten dankten und lobten Gott. „Der Retter ist da!", riefen sie. Und die Hirten erzählten Maria und Josef von den Engeln auf dem Feld. Maria dachte immer wieder darüber nach, was die Hirten erzählt hatten. Und sie überlegte: „Hm, was das wohl alles zu bedeuten hat?"

NOCH MEHR BESUCHER

LUKAS 2; MATTHÄUS 2

In einem fernen Land lebten weise Männer. Eines Nachts sahen sie einen neuen Stern am Himmel, den sie noch nie zuvor gesehen hatten. „Ein neuer Stern bedeutet, dass in Juda ein König geboren ist!", sagten sie. „Kommt, lasst uns diesen neuen König suchen!" Die Männer packten Geschenke ein. Dann machten sie sich mit ihren Kamelen auf den Weg nach Israel. Als sie in der Hauptstadt Jerusalem ankamen, gingen sie in den Palast von König Herodes. Sie sagten ihm: „Wir wissen, dass in Israel ein neuer König geboren ist. Wir haben seinen Stern gesehen. Nun sind wir gekommen, um den kleinen König zu begrüßen. Wir wollen ihm auch Geschenke bringen."

Aber der alte König Herodes war böse. Er wollte keinen neuen König. Schnell fand Herodes heraus, was in alten Büchern steht: „Der neue König wird einmal in Bethlehem geboren werden." Daraufhin sagte König Herodes zu den weisen Männern: „Geht nach Bethlehem. Und wenn ihr den neuen König gefunden habt, kommt zurück zu mir. Sagt mir, wo er ist, damit ich den kleinen König auch begrüßen kann." Aber das war eine Lüge. Herodes wollte Jesus nicht begrüßen. Er wollte nicht, dass es in seinem Land noch einen anderen König außer ihm gab.

Die weisen Männer gingen los. Und der neue Stern zeigte ihnen den Weg zum Stall. Als sie das Jesuskind gefunden hatten, knieten sie vor ihm nieder. So, wie man das bei einem König machte. Und sie gaben Jesus kostbare Geschenke, wie man sie damals nur einem König geschenkt hat: Gold, Weihrauch und Myrrhe.

In der Nacht sagte ein Engel den Männern in einem Traum: „Geht nicht wieder zurück zu Herodes! Er soll den Weg zum Stall nicht kennen! Denn Herodes will Jesus Böses tun!" So kehrten die weisen Männer auf einem anderen Weg zurück in ihr Land. Sie waren glücklich, denn sie hatten den Retter der Welt begrüßt.

AUF DEM FELD BEI BETHLEHEM

such mal

ENGEL

VOGEL

EULE

JUNGE

KANINCHEN

SCHAF

HUHN

STALL

JUNGE

ENGEL

JESUS IM TEMPEL

LUKAS 2

Jesus wuchs in der Stadt Nazareth auf. Sein Papa Josef arbeitete dort als Zimmermann. Als Jesus größer wurde, half er Josef in der Werkstatt. Dort bauten sie Tische und Stühle.

Josef und Maria gingen jedes Jahr nach Jerusalem auf ein großes Fest. Bei diesem Fest dankten die Menschen Gott, dass er ihre Ur-Ur-Ur-Großeltern aus der Gefangenschaft in Ägypten befreit hat.

Als Jesus zwölf Jahre alt war, durfte er endlich auch zu diesem Fest. Seine Eltern nahmen ihn mit. Das Passahfest war der Höhepunkt des ganzen Jahres. Dort trafen die Menschen auch alle ihre Freunde und Verwandten. Es wurde gesungen, getanzt und gegessen. Als das Fest zu Ende war, machten sich alle wieder auf den Heimweg. Jesus lief nicht mit seinen Eltern. Aber Maria und Josef machten sich keine Gedanken. Sie dachten: „Bestimmt läuft er dort vorn mit unseren Verwandten."

Aber das war nicht so. Jesus war nämlich in der Stadt geblieben! Als Maria und Josef merkten, dass Jesus nicht in der Nähe war, machten sie sich große Sorgen. Sie suchten ihn überall.

Wo bist du, Jesus?

Aber Maria und Josef konnten Jesus nirgends finden. Deshalb gingen sie zurück nach Jerusalem, um dort weiterzusuchen. Nach drei Tagen fanden sie ihn schließlich – im Tempel! Dort saß er mit klugen Männern zusammen, hörte ihnen zu und stellte ihnen viele Fragen. Und alle, die Jesus reden hörten, waren erstaunt, wie klug er war. Sie merkten, dass Jesus sehr viel über Gott wusste.

Als Maria ihr Kind sah, war sie erleichtert, aber auch erstaunt. Sie sagte: „Mein Sohn, warum tust du uns so etwas an? Dein Vater und ich suchen dich schon seit drei Tagen!“ Aber Jesus antwortete: „Warum habt ihr mich gesucht? Wisst ihr denn nicht, dass ich im Haus meines Vaters – im Tempel – sein muss?“

Das sagte Jesus, weil er wusste, dass er der Sohn von Gott ist. Gott war ja sein wirklicher Vater – sein Papa im Himmel. Trotzdem ging Jesus mit Maria und Josef zurück nach Nazareth. Dort lebte er, bis er erwachsen war.

IM TEMPEL

Such mal

MALER

VOGELKÄFIG

MANN MIT EIMERN

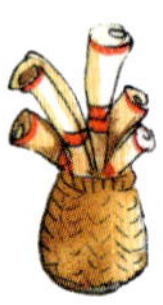

SCHRIFT-ROLLEN

ESSENS-VERKÄUFER

MANN MIT TEPPICH

MANN UND HUND

GELDWECHSLER

FRAU

MARIA UND JOSEF

JUNGE IM FASS

MANN

JESUS WIRD GETAUFT

MARKUS 1; LUKAS 2; MATTHÄUS 3

Jesus hatte einen Cousin, der hieß Johannes. Die Leute nannten ihn „Johannes den Täufer“. Johannes lebte in der Wüste, nicht weit weg vom Fluss Jordan. „Gott will euer Freund sein!“, rief er den Menschen zu. „Gott hat euch sehr lieb!“ Johannes hatte einen einfachen Mantel aus Kamelhaar an. Er fing sich Heuschrecken zum Mittagessen und aß sie mit Honig von wilden Bienen.

Immer mehr Menschen kamen zu Johannes und wollten ihm zuhören. Johannes erklärte den Leuten: „Kehrt zu Gott um. Und lasst euch taufen! Denn schon bald wird Gott etwas Wunderbares tun. Macht euch bereit!“

Die Menschen fragten Johannes: „Bist du derjenige, der uns retten soll, wie Gott es uns versprochen hat?“ Aber Johannes antwortete: „Nein, der bin ich nicht! Aber ich bereite alles für den Retter vor. Der Retter wird bald zu euch kommen.“ Und so taufte Johannes viele Menschen im Fluss Jordan. Die Taufe war ein Zeichen, dass sie ein neues Leben mit Gott beginnen wollten.

Eines Tages kam auch Jesus zum Jordan-Fluss. Jesus ging zu Johannes hin und bat ihn: „Taufe auch mich!“ Aber Johannes sagte: „Du brauchst doch nicht getauft zu werden, Jesus. Du gehörst doch schon zu Gott. Eigentlich müsstest du mich jetzt taufen!“

Johannes wusste, dass Jesus der Sohn von Gott war. Aber Jesus sagte: „Ich möchte, dass du mich taufst. So muss es sein.“ Also taufte Johannes seinen Cousin Jesus.

Als Jesus nach seiner Taufe wieder aus dem Wasser kam, passierte etwas Wunderschönes. Es war, als ob sich ein Fenster zum Himmel öffnete. Vom Himmel war die Stimme von Gott zu hören, die sagte: „Das ist mein Sohn. Ich haben ihn von ganzem Herzen lieb. Und ich freue mich so sehr über ihn!“ Und dann sah es so aus, als ob eine weiße Taube vom Himmel herab zu Jesus kam. Das war der Heilige Geist Gottes. Dann sagte Johannes über Jesus: „Seht, ihr Leute! Das ist der Bote Gottes. Er ist es, von dem ich euch erzählt habe! Jesus heißt er. Hört auf ihn!“

Danach ging Jesus in die Wüste. Er wollte allein sein und in Ruhe beten. Jesus redete sehr lange mit Gott, viele Tage lang, denn er wusste: Er braucht viel Kraft von Gott für seine große Aufgabe: den Menschen von Gott zu erzählen. Und ihnen zu helfen. Jesus wusste auch: „Gott hat mich geschickt, um die Menschen zu retten. Damit sie wieder ganz eng mit Gott zusammenleben können. Wie einst Adam und Eva im Paradies.“

AM FLUSS

Such mal

MANN

ZUSCHAUER

FRAU

JUNGE

HAUS

SANDBURG

ENTEN

MÄDCHEN,
DAS FISCHE FÄNGT

FRAU
AUF EINEM
FELSEN

DAS ERSTE WUNDER

JOHANNES 2

Jesus und ein paar seiner Schüler waren zu einer Hochzeit eingeladen. Die Mutter von Jesus war auch da. Viele Freunde und Verwandte kamen bei dem Fest zusammen und feierten. Es gab leckeres Essen und guten Wein. Die Gäste sangen und tanzten. Alle waren fröhlich, weil zwei Menschen geheiratet hatten. Aber dann wurde während der Hochzeitsfeier der Wein alle!

Da ging Maria zu Jesus und erzählte ihm, was passiert war. „Den Gastgebern ist der Wein ausgegangen, Jesus. Kannst du ihnen nicht helfen?“ – „Was habe denn ich damit zu tun?“, fragte Jesus. „Meine Zeit ist noch nicht gekommen.“ Aber Maria ging trotzdem zu den Dienern und sagte ihnen: „Tut, was Jesus euch sagt!“

Ganz in der Nähe standen sechs riesige leere Tonkrüge. In jeden Krug passten fast hundert Liter rein. Jesus sagte zu den Dienern: „Füllt die Krüge mit Wasser!“ Die Diener taten, was Jesus sagte, und füllten die Krüge bis zum Rand voll.

Dann sagte Jesus: „Und jetzt bringt die Krüge zum Gastgeber!“ Die Diener gehorchten. Jetzt kostete der Gastgeber aus einem der Krüge. „Oh!“, rief er, „wo habt ihr denn den neuen Wein so schnell herbekommen?“ In den Krügen war plötzlich gar kein Wasser mehr, sondern sehr guter Wein! Da rief der Gastgeber den Bräutigam und sagte: „Also, normalerweise wird bei einem Fest immer zuerst der gute Wein serviert. Wenn die Gäste dann schon einiges getrunken haben, bekommen sie Wein, der nicht so gut ist. Aber du hast ja den besten Wein bis jetzt aufbewahrt!“

Gott hatte Jesus die Macht gegeben, Wasser in Wein zu verwandeln. Es war der beste Wein, den die Hochzeitsgäste jemals getrunken hatten. Das war das erste Wunder, das Jesus tat. Die Wunder waren ein Zeichen dafür, dass Jesus wirklich der Sohn von Gott war.

DIE HOCHZEIT

Such mal

FRAU
MIT APFEL

BLUMEN

DIENER

BROT

WASCHBÄR

MANN
MIT HUND

FRAU

ESEL

TOPF

FRAU

DURCHS DACH ZU JESUS

MARKUS 2,1–12

Jesus kam in viele Städte. Und überall heilte er viele Menschen. Blinde konnten wieder sehen, Gehörlose konnten wieder hören. Und Menschen, die gelähmt waren, konnten wieder laufen. Überall, wo Jesus hinging, erzählte er von Gott. Er sagte den Menschen, wie sehr Gott sie liebt.

Immer mehr Leute kamen, um Jesus zuzuhören. Eines Tages sprach Jesus in einer Stadt vor vielen Menschen über Gott. Das Haus war schon so vollgestopft mit Menschen, dass wirklich niemand mehr reinpasste. Da kamen auf einmal vier Männer angelaufen. Sie trugen ihren Freund auf einer Trage; der Freund war gelähmt und konnte nicht laufen. Die Männer wussten, dass Jesus ihren Freund heilen konnte.
Aber weil so viele Leute zu Jesus gekommen waren, kamen sie nicht in das Haus hinein.

Da hatten die Vier eine schlaue Idee: Sie stiegen mit der Trage, auf der ihr Freund lag, auf das flache Dach des Hauses. Dann deckten sie das Dach ab, bis ein großes Loch darin war. Durch das Loch ließen sie dann die Trage mit ihrem Freund hinunter – direkt zu Jesus.

Jesus sah den Mann liebevoll an und sagte: „Mein Sohn, all deine Fehler sind dir vergeben."

Es waren auch einige strenge jüdische Lehrer in das Haus gekommen. Die wurden richtig böse auf Jesus und dachten: „Nur Gott kann doch Fehler vergeben! Dieser Mann redet so, als wenn er Gott selbst ist. Das darf er nicht!" Aber Jesus sah sofort, was sie dachten und sagte: „Ihr glaubt nicht, dass ich die Macht habe, Fehler zu vergeben, nicht wahr? Glaubt ihr denn, dass ich die Macht habe, diesen Mann wieder gesund zu machen?" Und dann schaute Jesus den gelähmten Mann an und sagte zu ihm: „Steh auf! Nimm die Trage und geh nach Hause."

Sofort sprang der Mann auf. Er nahm seine Trage und ging zwischen all den Menschen hindurch aus dem Haus. Die vielen Leute, die das sahen, staunten und sagten: „Der Mann ist tatsächlich auf der Stelle gesund geworden! So etwas haben wir noch nie gesehen!"

HUND

EIN LOCH IM DACH

Such mal

FISCHE

BLINDER MANN

MANN

FRÜCHTE

SCHILDKRÖTE

HUND,
DER RENNT

VOGEL

MANN

KIND

VOM BAUERN, DER GETREIDE SÄT

MARKUS 4

Eines Tages war Jesus am See Genezareth. Dort sprach er wieder zu vielen Menschen. Es herrschte ein solches Gedränge, dass Jesus in ein Boot stieg und ein Stück vom Ufer wegruderte. Vom Boot aus erzählte Jesus dann eine Geschichte. Sie handelt von einem Bauern, der Getreide säte. Jesus sagte: „Ein Bauer ging aufs Feld, um zu säen. Dabei fielen einige Samen auf den Weg. Die Vögel kamen schnell und pickten die Körner auf.

Einige Samen fielen auf steinigen Boden. Die Pflanzen wuchsen zwar etwas. Aber der Boden war nicht tief genug. Als die Sonne auf die kleinen Pflänzchen schien, verwelkten sie. Denn ihre Wurzeln gingen nicht tief genug in den Boden.

Einige Samen fielen in eine Dornenhecke. Als die Hecke größer wurde, erstickte sie die kleinen Getreidepflanzen. Keine Körner wuchsen in ihnen heran.

Aber es gab auch Samenkörner, die fielen auf gute Erde. Sie wuchsen und wuchsen. Und die Getreidepflanzen bildeten ganz viele neue Körner."

Als Jesus später wieder mit seinen Freunden allein war, fragten sie ihn: „Jesus, was bedeutet diese Geschichte?“ Und Jesus antwortete:

„In der Geschichte geht es darum, wie die Menschen auf meine Worte hören. Gottes Worte sind wie Samenkörner.

Einige Menschen hören gar nicht zu. Ihr Herz ist hart wie der festgetrampelte Boden auf dem Weg. Das, was ich sage, kann dort gar nicht wachsen. Einige Menschen hören erst gern auf Gottes Wort. Dann haben sie aber bald keine Lust mehr. Ihr Glaube ist nicht stark. Genauso, wie Pflanzen ohne Wurzeln ja auch nicht stark sind. Einige Menschen sind wie Erde voller Dornen. Am Anfang freuen sich diese Leute über meine Worte. Aber dann werden ihnen andere Dinge viel wichtiger als das, was ich sage. Gottes gute Worte vergessen sie völlig.

Aber dann gibt es noch eine vierte Gruppe von Menschen: Sie sind wie der gute Boden auf einem Feld. Die Menschen hören auf das, was ich sage. Gottes Liebe erreicht ihr Herz – jeden Tag ein bisschen mehr. Das ist so ähnlich, wie wenn eine starke Getreidepflanze jeden Tag ein bisschen wächst. Ich freue mich über die Menschen, die mir zuhören und das tun, was ich sage. Solche Menschen werden ganz viel Freude erleben.“

DAS VERLORENE SCHAF

LUKAS 15,3–7; JOHANNES 10,10–11.14

Jesus reiste mit seinen Freunden viel umher und erzählte den Menschen viel über Gott. Oft erzählte er den Leuten kleine Geschichten. So konnten sie besser verstehen, was Jesus sagen wollte.

„Heute erzähle ich euch noch eine andere Geschichte", sagte Jesus zu den Menschen, die um ihn herum saßen. „Es war einmal ein Hirte. Der hatte hundert Schafe. Der Hirte kümmerte sich liebevoll um seine Herde. Doch eines Tages war plötzlich ein Schaf verschwunden. Wo war es nur? Der Hirte machte sich große Sorgen und begann, überall nach dem Schäfchen zu suchen. Endlich, nach vielen Stunden, hatte er es wiedergefunden! Der Hirte war so froh darüber. Er trug es auf seinem Arm nach Hause – zu den anderen Schafen. Dann lud er seine Nachbarn und seine Freunde zu einem Festessen ein und sagte: „Freut euch mit mir! Denn ich habe mein verlorenes Schäfchen wiedergefunden!"

Jesus schaute die Menschen an. „So würde es doch jeder machen, oder? Wer etwas verloren hat, lässt alles stehen und liegen. Und geht los, um das Verlorene zu suchen. Und wenn er es wiedergefunden hat, freut er sich dann riesig darüber. So ist es auch bei Gott. Gott freut sich auch riesig über jeden Menschen, der seine Fehler zugibt und eng mit Gott zusammen sein will. Gott will jeden Menschen in seine Arme nehmen – so, wie ein Hirte sein wiedergefundenes Schäfchen."

Und dann sagte Jesus den Menschen noch etwas: „Ihr könnt mir vertrauen. Ich möchte wie ein guter Hirte für euch sein. Ein guter Hirte passt auf seine Schafe auf. Er führt sie auf saftige Wiesen. Wenn ein Wolf oder ein Dieb kommt, beschützt er seine Schafe. Und der Hirte kennt auch jedes Schaf ganz genau und ruft es bei seinem Namen. So bin ich zu euch: wie ein guter Hirte. Wer zu mir gehört, den beschütze ich. Egal, was passiert. Wer zu mir gehört, den kenne ich und den führe ich auf einem guten Weg."

Meine Schafe hören auf meine Stimme.

Such mal

ESEL

MANN MIT HUND

JUNGE MIT SANDBURG

FRAU

ZIEGE

PALME

JESUS SPRICHT ÜBER GOTT

BAUER

RAD

MUTTER

JESUS MACHT ALLE SATT

MATTHÄUS 14; MARKUS 6; LUKAS 9

Eine riesige Menschenmenge folgte Jesus – überall hin. Die Menschen brachten Kranke zu Jesus, damit er sie heilt. Jesus hatte die Menschen lieb. Er erzählte ihnen von Gott und machte alle gesund, die krank waren.

Einmal, als Jesus zu den Menschen sprach, wurde es sehr spät. Es war schon fast Abend. Da sagten die Freunde von Jesus: „Jesus, schicke die Leute jetzt nach Hause. Denn hier gibt es nichts zu essen für sie." Aber Jesus sagte: „Nein, gebt ihr ihnen doch etwas zu essen!" Einer der Freunde, Andreas hieß er, sagte: „Also, hier ist ein Junge, der hat fünf Brote und zwei kleine Fische. Aber was ist das schon bei so vielen hungrigen Leuten?"

Lass mich sehen,
was ihr mir gebracht habt!

Nur 5 Brote und 2 Fische

Jesus forderte seine Freunde auf: „Sagt den Menschen, sie sollen sich in kleinen Gruppen ins Gras setzen!" Das taten sie. Es waren ungefähr 5.000 Männer da, außerdem noch viele, viele Frauen und Kinder.

Jesus nahm die fünf Brote und die zwei Fische. Er schaute dabei zum Himmel und dankte Gott dafür. Danach brach er das Brot in kleine Stücke und gab diese seinen Freunden. Und die Freunde verteilten das Brot und den Fisch an die Menschen. Und wirklich: Jeder bekam so viel zu essen, dass er satt wurde!

Nach einer Weile sagte Jesus zu seinen Freunden: „Sammelt jetzt alle Brot- und Fischstückchen ein, die übrig geblieben sind. Es soll nichts von dem Essen verderben!" Als die zwölf Freunde alles eingesammelt hatten, standen zwölf Körbe voll mit Brotstücken und Fisch vor ihnen! Die Freunde von Jesus staunten. Und alle anderen Menschen staunten auch. Jesus tat große Wunder! Die Leute waren jetzt sicher: Jesus war wirklich der Mann, den Gott geschickt hatte.

JESUS UND ZACHÄUS

LUKAS 19

Zachäus wohnte in Jericho. Er arbeitete dort für König Herodes als Steuerkassierer. Niemand mochte den König, und deshalb mochten die Menschen den Kassierer Zachäus auch nicht. Außerdem betrog Zachäus die Leute oft. Er verlangte mehr Steuern von ihnen, als sie bezahlen mussten. Das Geld, das er mehr verlangte, gab Zachäus dann aber nicht dem König, sondern behielt es selbst. Deshalb war Zachäus ein reicher Mann.

Eines Tages kam Jesus nach Jericho. Als Zachäus hörte, dass Jesus in der Stadt war, rannte er hinaus auf die Straße. Er wollte Jesus unbedingt sehen! Aber weil er ziemlich klein war, konnte er nicht über die Köpfe der vielen Menschen hinwegschauen, die um ihn herumstanden. Sehr viele Menschen waren gekommen, die Jesus auch sehen wollten. Also rannte Zachäus ein Stück voraus und kletterte dann auf einen Baum. Von dort aus konnte er Jesus sehen.

Als Jesus an dem Baum vorbeikam, schaute er hinauf und sagte: „Zachäus, komm schnell herunter! Ich möchte dich heute in deinem Haus besuchen." Sofort kletterte Zachäus von dem Baum herunter. Dann nahm er Jesus und seine Freunde mit zu sich nach Hause.

Warum besucht Jesus ausgerechnet den??

Zachäus ließ ihnen ein Festessen zubereiten. Als die Menschen das sahen, riefen sie empört: „Unerhört! Jesus ist wirklich zu Gast bei diesem Mann? Zachäus ist doch ein Betrüger!“

Aber für Zachäus wurde von dem Tag an alles anders. Er war so glücklich, dass Jesus bei ihm essen wollte! Zachäus wusste, dass er Leute betrogen hatte. Deshalb verstand er auch gar nicht, weshalb Jesus ausgerechnet zu ihm kam. Denn er war ja kein ehrlicher Mann. Auf einmal tat Zachäus leid, was er getan hatte. Er sagte zu Jesus: „Von jetzt an
tue ich, was richtig ist. Ich will die Hälfte von allem Geld, das ich habe, den armen Menschen schenken. Und den Leuten, denen ich Geld gestohlen habe, gebe ich alles zurück!“

Als Jesus das hörte, freute er sich sehr. Er sagte: „Ich bin gekommen, um den Menschen zu helfen! Also auch dir! Ich helfe dir, dass dein Leben wieder richtig gut wird.“ Und Zachäus war sehr glücklich.

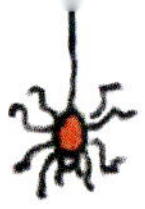

SPINNE

ZACHÄUS AUF DEM BAUM

Such mal

BETTLER

FENSTER

MANN

JESUS

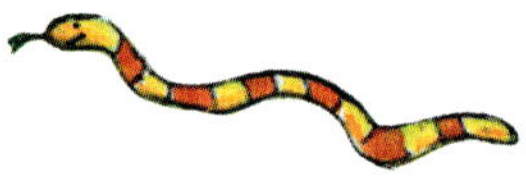

SCHLANGE

FREUNDE

VOGEL

HUND UND KATZE

JESUS IN JERUSALEM

MATTHÄUS 21; MARKUS 11; LUKAS 19; JOHANNES 12

Jesus wusste, dass nun die Zeit gekommen war: Er sollte Gottes Plan zu Ende bringen und König der ganzen Welt werden. Deshalb reiste er mit seinen zwölf Freunden nach Jerusalem. Dort wollten sie zusammen das jüdische Passahfest feiern. Jesus wusste schon im Voraus, was dort passieren würde ...

Er schickte zwei seiner Freunde ins nächste Dorf. „Gleich am Dorfeingang findet ihr einen jungen Esel“, sagte Jesus. „Bindet ihn los und bringt ihn zu mir. Wenn euch jemand fragt, weshalb ihr den Esel losbindet, dann sagt: ‚Unser Meister braucht ihn. Aber wir geben ihn bald wieder zurück!‘“

He, was macht ihr denn da mit meinem Esel?

Die zwei Freunde gingen ins Dorf und fanden den jungen Esel am Ortseingang – genau so, wie Jesus es gesagt hatte.

Als sie den Esel losbanden, fragte der Besitzer: „Warum bindet ihr denn meinen Esel los?“ Und die Freunde von Jesus antworteten: „Unser Meister braucht ihn.“ Da gab der Besitzer ihnen das Tier.

Die zwei Freunde kamen mit dem Esel zurück zu Jesus. Sie legten ihre Mäntel auf den Rücken des Esels. Dann setzte sich Jesus auf den Rücken des Tieres. So kam er zusammen mit seinen zwölf Freunden in die Stadt Jerusalem.

Es sprach sich schnell herum, dass Jesus in der Stadt war. Viele Menschen legten ihre Mäntel und Umhänge auf die Straße. Andere schnitten Äste von Palmen und anderen Bäumen ab und legten die Zweige auf die Straße. Das taten sie, um Jesus zu begrüßen. Sie freuten sich so sehr über ihn. Denn sie hofften, dass Jesus ihr neuer König werden wird. Ein König, der endlich die römischen Soldaten aus dem Land vertreibt. Die Menschen riefen: „Gelobt sei der, der hier im Namen des Herrn kommt! Hosianna dem Höchsten!“ Alle lobten Gott und jubelten Jesus zu.

EINZUG IN JERUSALEM

Such mal

MUTTER MIT KIND

HOHEPRIESTER

KATZE MIT FISCH

MÄDCHEN

TOPF

KIND, DAS TURNT

JUNGE

ZUSCHAUER

VOGEL MIT BLATT

KRUG

DROMEDAR

KARREN

FENSTER

DIE LETZTEN TAGE IN JERUSALEM

MATTHÄUS 26–27; MARKUS 11–14; LUKAS 19–23; JOHANNES 12–18

Jesus traf sich in Jerusalem abends mit seinen Freunden in einem Haus. Dort wollten sie zusammen das Festessen zum Passahfest halten. Beim Essen sagte Jesus dann etwas Seltsames: „Einer von euch hat einen schlimmen Plan gegen mich. Er wird denen helfen, die mir etwas Böses antun wollen.“ Als die Freunde von Jesus das hörten, waren sie erschrocken. Sie fragten sich, wer so etwas wohl tun wird. Dann sagte Jesus: „Judas, geh und tu, was du tun musst.“ Da stand Judas ganz still von seinem Platz auf und ging hinaus in die Nacht.

Und so lief das Festessen ab: Zuerst nahm Jesus etwas von dem Brot auf dem Tisch. Er dankte Gott dafür, brach es dann in Stücke und gab jedem seiner Freunde etwas davon. Jesus sagte: „Nehmt es und esst. Das ist mein Körper, der für euch hingegeben wird. Tut das als Erinnerung an mich.“ Nach dem Essen nahm Jesus einen Becher mit Wein und sagte: „Das ist mein Blut. Es steht für ein neues Versprechen von Gott: dass euch all eure Schuld vergeben ist. Ich kann nicht mehr lange bei euch bleiben. Ich muss euch verlassen. Wenn ich nicht mehr da bin, dann esst zusammen das Brot und trinkt den Wein. Wenn ihr das tut, erinnert euch an mich – und an alles, was ich euch beigebracht habe. Ich gebe mein Leben hin, damit ihr für immer leben könnt.“

Als sie fertig gegessen hatten, gingen Jesus und seine Freunde in einen Garten, der „Gethsemane" hieß. Dort bat Jesus seine Freunde: „Bitte schlaft jetzt nicht ein. Bleibt wach und betet heute Nacht mit mir!" Aber die Jünger waren sehr müde. Bald waren alle eingeschlafen. Jesus war nun ganz allein beim Beten. Er bat Gott, ihm Mut zu schenken für das, was ihm bevorstand.

In der Zwischenzeit ging Judas zu den jüdischen Anführern. Er verriet ihnen, wo sie Jesus gefangen nehmen konnten. Die jüdischen Anführer schickten sofort Soldaten los, und Judas zeigte ihnen den Weg in den Garten, wo Jesus betete. Als sie dort ankamen, erklärte Judas: „Es sind noch andere Männer bei Jesus. Im Dunkeln ist es schwer zu erkennen, wer von ihnen Jesus ist. Dem Mann, den ihr verhaften sollt, werde ich gleich einen Kuss geben." Judas ging geradewegs zu Jesus und gab ihm einen Kuss auf die Wange.

Da packten die Soldaten Jesus. Alle seine Freunde rannten schnell weg. Die Soldaten fesselten Jesus und brachten ihn zu Kaiphas, das war der oberste Priester der Juden. Aber Kaiphas hatte gar nicht die Macht, Jesus vor ein Gericht zu stellen. Deshalb wurde Jesus zum römischen Statthalter, zu Pontius Pilatus, gebracht. Die jüdischen Anführer wollten, dass er Jesus zum Tode verurteilte.

Pilatus fragte Jesus: „Diese Leute hier werfen dir vieles vor. Bist du der König der Juden?" Jesus antwortete: „Ich bin kein König wie die Könige dieser Welt. Ich bin gekommen, um die Wahrheit zu bringen." Da lachte Pilatus. „Was ist denn die Wahrheit?" Dann sagte er zu den Anführern der Juden: „Also, er hat nichts Schlimmes getan." Aber die vielen Menschen, die um Pilatus herumstanden, riefen laut: „Dieser Mann muss sterben! Dieser Mann muss sterben!" Schließlich konnte Pilatus nichts mehr für Jesus tun. Denn die Menge rief immer lauter: „Kreuzigt Jesus! Kreuzigt Jesus!" Deshalb übergab Pilatus Jesus schließlich den Soldaten. Die sollten ihn kreuzigen.

VOR PILATUS

Such mal

SOLDAT

PALME

WÜTENDER MANN

HELM

FEUER

KIND IM FENSTER

ADLER

KIND

MANN

FRAU

KLEINER HUND

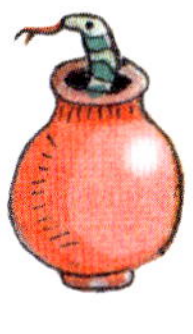

SCHLANGE

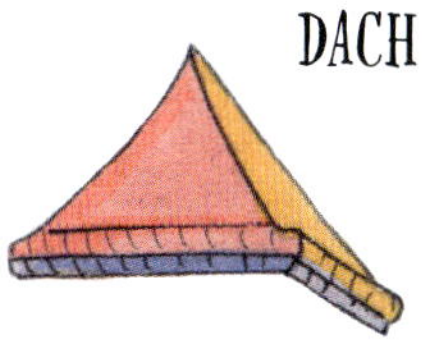

DACH

JESUS STIRBT

MATTHÄUS 27; MARKUS 15; LUKAS 23; JOHANNES 18–19

Vor der Stadt Jerusalem war ein Hügel. Dort nagelten die Soldaten Jesus an ein Kreuz aus Holz. Neben Jesus hingen zwei Verbrecher an Kreuzen. Die Menschen, die auf dem Weg in die Stadt an den Kreuzen vorbeikamen, machten sich über Jesus lustig. Die Anführer der Juden sagten: „Ha! Anderen hat Jesus geholfen. Aber sich selbst kann er jetzt nicht helfen!“ – „Soll er sich doch selbst helfen und vom Kreuz heruntersteigen. Dann glauben wir an ihn!“

Auch die römischen Soldaten machten sich über Jesus lustig. Sie riefen: „Wenn du der König der Juden bist, dann rette dich doch selbst!“ Und sogar einer der beiden Verbrecher sagte zu Jesus: „Bist du nicht der versprochene Retter der Menschen? Dann rette doch dich selbst – und uns auch!“ Doch der andere Verbrecher sagte zu ihm: „Hör auf! Wir bekommen doch genau die Strafe, die wir verdient haben! Denn wir haben wirklich schlimme Sachen getan. Aber dieser Mann hier hat nichts Falsches getan.“

Dann sah dieser Verbrecher Jesus an und bat ihn: „Jesus, bitte denk an mich, wenn du in dein Reich kommst." Und Jesus versprach ihm: „Ich sage dir, noch heute wirst du mit mir zusammen im Paradies sein."

Dann wurde es ganz dunkel am Himmel. Die Sonne schien plötzlich nicht mehr. Und sogar die Erde bebte! Da rief Jesus laut: „Es ist vollbracht!" Als die Menschen sahen, dass es stockdunkel wurde und die Erde bebte, waren sie sehr erschrocken. Einer der Soldaten sagte:

„Dieser Mann war wirklich unschuldig. Er war wirklich der Sohn von Gott!"

DIE AUFERSTEHUNG VON JESUS

MATTHÄUS 28; MARKUS 16; LUKAS 24; JOHANNES 20

Der Körper von Jesus wurde zu einer Grabhöhle gebracht. Ein paar Frauen wickelten den Körper in ein Stück Stoff und legten ihn dann in das Grab. Anschließend rollten sie einen großen, schweren Stein vor den Eingang des Grabes und gingen dann nach Hause.

Am nächsten Tag gingen die jüdischen Anführer zu Pilatus und sagten: „Wir erinnern uns daran, dass dieser Lügner Jesus gesagt hat: ‚In drei Tagen werde ich wieder lebendig sein!' Das hat Jesus gesagt, als er noch lebendig war. Gib lieber deinen Soldaten den Befehl, das Grab zu bewachen! Sonst kommen vielleicht die Freunde von Jesus und stehlen den toten Körper. Dann sagen sie vielleicht: ‚Seht her, er ist wieder lebendig!'" Pilatus nickte und schickte Wachsoldaten zum Grab.

Am dritten Tag, nachdem Jesus gestorben war, gab es plötzlich ein Erdbeben. Ein Engel Gottes kam vom Himmel und rollte den Stein weg, der vor dem Grab lag. Der Engel strahlte ganz hell! Die Wachsoldaten erschraken heftig und zitterten. Jesus war nicht mehr tot! Gott hatte Jesus wirklich wieder lebendig gemacht!

Kurz darauf, es war früh am Morgen, kamen drei Freunde von Jesus zum Grab. Sie wollten die Grabhöhle sehen, in die Jesus gelegt worden war. Als sie dort ankamen, sahen sie: Der große Stein war weggerollt worden! Das Grab war leer! Jesus war nicht mehr da! Petrus ging in die Höhle hinein. Er fand das Tuch, in das sie den Körper von Jesus eingewickelt hatten. Auch Maria Magdalena ging in die Höhle hinein. Dort sah sie zwei Engel. Der eine von ihnen sagte zu Maria: „Warum suchst du denn hier nach Jesus? Er ist nicht mehr hier. Er ist wieder lebendig, wie er es euch gesagt hat!"

Da kam Maria wieder aus der Höhle. Als sie sich umdrehte, sah sie Jesus dort stehen, aber sie erkannte ihn nicht. „Warum weinst du denn? Wen suchst du hier?", fragte Jesus sie.

Maria!!!

Warum weinst du denn?

Maria dachte: ‚Der Mann ist bestimmt der Gärtner.' Sie sagte: „Wenn du seinen Körper weggebracht hast, dann sag mir bitte: Wo hast du ihn hingelegt?" Da sagte Jesus zu ihr: „Maria!" Und in diesem Moment erkannte Maria: Es war Jesus, der vor ihr stand! Er war tatsächlich wieder lebendig! Da umarmte Maria ihren Freund Jesus ganz fest. Jesus sagte: „Geh und erzähle es meinen Brüdern."

Da rannte Maria zu den anderen Freunden von Jesus. Aufgeregt erzählte sie: „Hört! Ich hab Jesus gesehen! Ich hab ihn sogar umarmt!" Aber die Freunde glaubten ihr nicht. Also erzählte Maria ihnen, was Jesus zu ihr gesagt hat. Aber die anderen glaubten ihr immer noch nicht.

Noch in derselben Nacht kam Jesus dann zu seinen engsten Freunden. Die Freunde waren in einem Haus und hatten die Tür abgeschlossen. Aber plötzlich war Jesus einfach da! Deshalb bekamen die Freunde Angst. Aber Jesus sagte zu ihnen: „Warum habt ihr denn Angst? Ich bin es wirklich! Berührt mich und überzeugt euch selbst davon!" Da kamen die Freunde näher und berührten Jesus. Sie konnten es immer noch nicht ganz glauben. Aber Jesus half ihnen, alles zu verstehen. Er erklärte seinen Freunden: „Alles, was ich getan habe, ist der Beweis dafür, dass ich wirklich der Retter der ganzen Welt bin."

JESUS LEBT!

Such mal

KIND AUF SCHAUKEL

TAUBE

HAHN

ESEL

MANN

ENTE

SCHLANGE

SCHMETTERLING

SCHAFHIRTE

EIN GROSSER FISCHFANG

JOHANNES 21

Eines Abends sagte Petrus, einer der Freunde von Jesus: „Ich fahre jetzt hinaus zum Fischen." – „Wir kommen mit!", sagten die anderen Freunde. Sie stiegen mit ins Boot und fuhren los. Die ganze Nacht fischten sie, aber sie fingen keinen einzigen Fisch.

Als die Sonne am nächsten Morgen wieder aufging, stand plötzlich Jesus am Ufer. Aber die Freunde erkannten ihn nicht. Jesus rief ihnen zu: „Habt ihr keine Fische gefangen?" – „Nein!", antworteten sie. Da sagte Jesus: „Werft eure Netze noch einmal auf der rechten Seite von eurem Boot aus. Dann werdet ihr etwas fangen." Sofort machten die Freunde das. Und als sie die Netze wieder zum Boot zogen, war es voller Fische! Sie konnten die Netze kaum hochziehen, so schwer waren sie. Die Freunde staunten. Es war wirklich ein Wunder passiert!

Johannes sagte zu Petrus: „Ich bin mir sicher, das ist Jesus!" Petrus rieb sich die Augen. Tatsächlich, es war Jesus! Petrus war außer sich vor Freude. Auf der Stelle sprang er ins Wasser und schwamm zum Ufer. Die anderen Freunde brachten das Boot an Land und schleppten das Netz mit den Fischen hinterher.

Als alle am Ufer angekommen waren, sahen sie: Jesus hatte über einem Feuer Fische gebraten. Und frisches Brot war auch da! Jesus sagte zu seinen Freunden: „Lasst uns zusammen frühstücken! Holt noch etwas von dem Fisch, den ihr gerade gefangen habt. Dann haben wir mehr als genug."

Die Freunde von Jesus genossen die Zeit mit ihrem Lehrer und Meister. Wie froh waren sie, dass Jesus wieder lebte! Das war nun schon das dritte Mal, dass Jesus nach seiner Auferstehung seinen Freunden begegnet ist. Zuerst am Grab, dann in einem Haus – und jetzt an einem großen See bei der Stadt Tiberias! Jesus hatte seinen Freunden noch viel zu erzählen. Denn bald schon würde er nicht mehr bei ihnen sein, sondern zu Gott in den Himmel zurückkehren …

AUF DEM SEE

Such mal

FISCHE

HUND

EIMER

KIND, DAS SCHWIMMT

VOGEL AUF FELSEN

MUSCHEL

BOOT

JUNGE

FELSEN

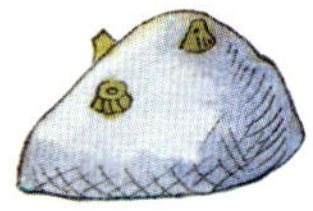

VOGEL MIT ZWEI FISCHEN

BÄUME

KINDER
AUF EINEM FLOSS

HAUS

KLEINES
FANGNETZ

JESUS KEHRT ZURÜCK IN DEN HIMMEL

LUKAS 24; APOSTELGESCHICHTE 1; 1. KORINTHER 15

Nachdem Jesus wieder vom Tod auferstanden war, lebte er noch vierzig Tage auf der Erde. In dieser Zeit begegnete er nicht nur seinen Freunden, sondern vielen anderen Menschen. Bald sprach sich überall herum: Jesus ist tatsächlich wieder lebendig! Er ist nicht tot geblieben!

Jesus wusste, dass er bald in den Himmel zurückkehren würde. Deshalb sprach er mit seinen Freunden. Sie sollten jetzt das tun, was Jesus auf der Erde getan hatte: die Menschen lieben. Ihnen helfen. Ihnen von Gott erzählen. Jesus gab seinen Freunden einen Auftrag: „Geht in jede Stadt und in jedes Dorf auf dieser Welt. Macht überall die Menschen zu meinen Freunden. Tauft sie mit Wasser im Namen Gottes und in meinem Namen. Und bringt den Menschen all das bei, was ich euch beigebracht habe. Sie sollen tun, was Gott sich von ihnen wünscht. Ich will immer bei euch sein – und bei allen, die auch meine Freunde sind.“

Dann war die Zeit gekommen: Jesus musste sich von seinen Freunden verabschieden. Also nahm Jesus sie mit auf einen Hügel, der lag außerhalb von Jerusalem. Dort sagte Jesus: „Es ist jetzt Zeit, dass ich zu meinem Vater im Himmel zurückgehe. Wenn ich wieder im Himmel bin, dann tut Folgendes: Geht nach Jerusalem zurück. Wartet dort, bis ich euch meinen Heiligen Geist schicke. Der wird euch Kraft schenken. Durch diesen Heiligen Geist bin ich immer bei euch und lebe in euch. Und dann geht los. Erzählt allen Menschen von mir und von Gott." Noch während Jesus zu seinen Freunden redete, schwebte Jesus in den Himmel hoch. Dann verschwand er in einer Wolke. Die Freunde konnten Jesus nicht mehr sehen.

Lange Zeit standen die Freunde ganz still da. Sie wussten nicht, was sie denken oder sagen sollten. Sie konnten nicht verstehen, warum Jesus wieder in den Himmel zurückkehren musste – zu Gott. Plötzlich standen zwei Männer in strahlend weißen Kleidern neben den Freunden. Das waren Engel! Sie fragten: „Warum steht ihr denn hier und schaut in den Himmel? Jesus ist jetzt im Himmel. Aber eines Tages wird er genauso wiederkommen, wie er jetzt die Erde verlassen hat." Da knieten sich die Freunde hin und beteten Jesus an. Als sie wieder aufgestanden waren, kehrten sie mit frohem Herzen zurück nach Jerusalem. Dort warteten sie darauf, dass Gottes Heiliger Geist über sie kommt. So, wie Jesus es ihnen versprochen hatte.

GOTTES WUNDERBARE STADT

OFFENBARUNG 4; JOHANNES 14

Schau dir einmal die Blumen an. Sie haben so viele verschiedene Farben, und nicht mal zwei von ihnen sind völlig gleich. Ist das nicht großartig? Gott hat jede einzelne Blume gemacht. Und jeden Menschen auf der Erde hat er geschaffen. Aber genau wie die Blumen im Garten werden auch wir Menschen eines Tages sterben. Ist dann alles vorbei? Nein! Denn dann wird alles neu sein. In Gottes neuer Welt werden Blumen nicht mehr verwelken. Und auch wir werden dann nicht mehr krank werden und auch nicht mehr sterben. In Gottes neuer Welt werden wir auch alle wiedersehen, die wir lieb haben – die aber schon gestorben sind. Niemand wird dann mehr weinen. Es wird keine Schmerzen und auch nichts Böses mehr geben. So wird es sein, wenn wir bei Jesus sind.

In der Bibel steht, dass es einen neuen Himmel und eine neue Erde geben wird. Auf dieser neuen Erde wird es keine Krankheiten und auch keinen Tod mehr geben. Der Himmel wird sein wie eine große, wunderschöne Stadt aus glänzendem Gold und kostbaren Edelsteinen. In der Mitte der Stadt wird ein Fluss fließen und an seinen Ufern werden Bäume stehen. An diesen Bäumen wachsen die herrlichsten Früchte. Im Himmel wird es nie Nacht sein. Denn wir, die Kinder Gottes, werden kein Licht brauchen, auch keine Sonne. Denn Gott selbst wird dann unser Licht sein und auf uns scheinen.

Dort, in Gottes neuer Welt, werden nur gute und wunderbare Dinge geschehen. Gott, unser Vater, und Jesus leben dort für immer bei uns. Jesus wartet schon im Himmel auf uns. Er bereitet dort ein neues Zuhause für uns vor, in dem es viel Platz für jeden gibt. Du kannst ganz sicher sein, dass das stimmt, weil Jesus es uns versprochen hat.

Gott sagt:
In meiner neuen Welt werden alle Tiere friedlich zusammenleben. Ein Wolf wird fröhlich mit einem Lamm spielen. Und der Leopard wird beim Ziegenböckchen liegen. Keiner wird den anderen fressen. Kälber, Rinder und Löwen werden zusammen auf einer Wiese sein. Und kein Mensch wird mehr etwas Böses tun.
Nach Jesaja 11,6

DIE STADT IM HIMMEL

Such mal

MÄDCHEN MIT KATZE

PAPAGEI

SCHILDKRÖTE

TRAUBEN

VOGEL

KREUZ

MÄDCHEN

MAUS

EICHHÖRNCHEN AM BAUM

MÄDCHEN

KÄFER

LAMM

HAUS

BLUMEN

MIX
Papier | Fördert gute Waldnutzung
FSC® C018236

Originally published under the title „The Great Explorer Bible“
by Copenhagen Publishing House

in der SCM Verlagsgruppe GmbH, Berliner Ring 62, 35576 Wetzlar

1. Auflage Januar 2023
2. Auflage Juni 2023
3. Auflage November 2023
4. Auflage Oktober 2024
Bestell-Nr. 817952
ISBN 978-3-95734-952-1

Illustrationen: Gill Guile
Satz und Cover: Copenhagen, Karolin Offermann
Bearbeitung: Verena Keil
Druck und Verarbeitung: Dimograf
Printed in Poland
www.gerth.de